UNIVERSITÉ DE MONTPELLIER. — FACULTÉ DE DROIT

DE

LA TRANSPORTATION

SON ORGANISATION ACTUELLE ET SES RÉSULTATS
AU DOUBLE POINT DE VUE PÉNITENTIAIRE ET COLONIAL

THÈSE POUR LE DOCTORAT

Présentée et soutenue le samedi 1ᵉʳ juillet 1899

PAR

Francis BROUILHET

LICENCIÉ ÈS SCIENCES MATHÉMATIQUES
LAURÉAT DE LA FACULTÉ DE DROIT DE LYON
JUGE SUPPLÉANT AU TRIBUNAL CIVIL DE GRENOBLE

PARIS

LIBRAIRIE NOUVELLE DE DROIT ET DE JURISPRUDENCE

ARTHUR ROUSSEAU, ÉDITEUR

14, RUE SOUFFLOT ET RUE TOULLIER, 13

1899

THÈSE

POUR LE DOCTORAT

UNIVERSITÉ DE MONTPELLIER. — FACULTÉ DE DROIT.

MM. Vigié, doyen, professeur de droit civil, chargé du cours d'enregistrement.

Brémond, assesseur, professeur de droit administratif.

Gide, professeur d'économie politique, en congé.

Laurens, professeur de droit civil, en congé.

Glaize, professeur de procédure civile, chargé des cours de voies d'exécution et de législation financière.

Laborde, professeur de droit criminel, chargé des cours de législation et économie industrielles.

Charmont, professeur de droit civil, chargé du cours de droit civil dans ses rapports avec le notariat.

Chausse, professeur de droit romain, chargé du cours de Pandectes.

Meynial, professeur d'histoire du droit.

Barde, professeur de droit constitutionnel.

Declareuil, professeur de droit romain, chargé du cours d'histoire du droit public français.

Valéry, professeur de droit commercial, chargé du cours de droit international privé.

Perreau, agrégé, chargé d'un cours de droit civil approfondi, et d'un cours complémentaire de droit civil.

Brouilhet, chargé d'un cours d'économie politique.

Gariel, chargé d'un cours d'économie politique et du cours d'histoire des doctrines économiques.

Moye, chargé du cours de droit international public.

Lévy-Ullmann, chargé d'un cours de droit civil.

Giraud, secrétaire.

MEMBRES DU JURY :

MM. Laborde, professeur, *président.*

Valéry, professeur,
Gariel, chargé de cours, } *assesseurs.*

UNIVERSITÉ DE MONTPELLIER. — FACULTÉ DE DROIT

DE

LA TRANSPORTATION

SON ORGANISATION ACTUELLE ET SES RÉSULTATS

AU DOUBLE POINT DE VUE PÉNITENTIAIRE ET COLONIAL

THÈSE POUR LE DOCTORAT

Présentée et soutenue le samedi 1er juillet 1899

PAR

Francis BROUILHET

LICENCIÉ ÈS SCIENCES MATHÉMATIQUES
LAURÉAT DE LA FACULTÉ DE DROIT DE LYON
JUGE SUPPLÉANT AU TRIBUNAL CIVIL DE GRENOBLE

PARIS

LIBRAIRIE NOUVELLE DE DROIT ET DE JURISPRUDENCE

ARTHUR ROUSSEAU, ÉDITEUR

14, RUE SOUFFLOT ET RUE TOULLIER, **13**

—

1899

BIBLIOGRAPHIE

Beauchet. — Transportation et colonisation pénale en Nouvelle-Calédonie (*Revue politique et parlementaire*, janvier, mars et mai 1898).

Bernard. — L'Archipel de la Nouvelle-Calédonie, 1894.

Bouteillier. — De la relégation des récidivistes, 1897.

Boutinet. — De la condition des transportés aux colonies, 1889.

Bruyant. — Etude sur la transportation, 1889.

Commoy. — La peine de la relégation considérée dans son exécution, 1898.

Cor. — De la transportation considérée comme moyen de répression et comme force colonisatrice, 1895.

Foinistki et Bonet-Maury. — Transportation russe et anglaise, 1895.

Franceschi. — De l'organisation locale de la transportation, 1896.

Garraud. — Précis de droit pénal.

Girault. — Principes de colonisation et de législation coloniale.

Laborde. — Cours de droit criminel, 1898.

De Lanessan. — L'expansion coloniale de la France, 1886.

Leroy-Beaulieu. — La colonisation chez les peuples modernes.

Leveillé. — La Guyane et la question pénitentiaire coloniale, 1886.

Paul Mimande. — Au bagne (*Revue des Deux-Mondes*, 15 mai, 15 juillet 1893).— Bagnes d'Outre-Mer (*Revue du Palais*, mars 1898).

Moncelon. — Le bagne et la colonisation pénale en Nouvelle-Calédonie, 1886.

Pain. — Colonisation pénale, 1898.

Pierret. — Transportation et colonisation pénale, 1892.

Rougier. — Précis de législation et d'économie coloniales, 1895.

Teisseire. — La transportation pénale et la relégation, 1893.

Compte rendu du IV⁰ Congrès pénitentiaire international de St-Pétersbourg, 1890. Compte-rendu du V⁰ Congrès pénitentiaire international de Paris, 1895. Compte rendu du Congrès de l'Union internationale de droit pénal tenu à Lisbonne, 1897 (*Bulletin de l'U. I. D. P.*, VI⁰ volume).

Revue pénitentiaire ; notamment : Compte rendu des séances de la Société générale des prisons, des 15 janvier 1896, 17 mars 1897, 15 et 22 mars 1899. *Quinzaine coloniale, Economiste français, Journal officiel de la République française.*

DE LA TRANSPORTATION

SON ORGANISATION ACTUELLE ET SES RÉSULTATS

INTRODUCTION

I

Quand il a déterminé les actes que l'intérêt social lui commande de réprimer, le législateur doit rechercher quel châtiment il faut appliquer à chacune des infractions dont il a fixé les éléments. Le délit d'une part, la peine de l'autre sont les deux objets de la législation pénale.

Dans l'organisation de la peine, un but unique s'impose au criminaliste : la diminution du nombre et de la gravité des infractions. Pour y arriver, il doit donner au châtiment deux caractères essentiels ; il le rendra d'une part intimidant et répressif, de l'autre réformateur.

Infliger au délinquant une peine sévère aura pour premier résultat de satisfaire le besoin de justice qui est inné chez tout individu : la faute sera suivie de la punition. En outre, la peine infligée au coupable constituera

pour ceux qui sont témoins de son exécution, un aver-
tissement salutaire ; discernant par eux-mêmes les conséquences funestes d'une infraction, ils seront détournés
de l'intention qu'ils pouvaient avoir de la commettre et
maintenus dans la voie du devoir. Ainsi se trouvera diminué le nombre des délinquants.

La régénération du condamné aura un résultat moins
étendu, mais non moins utile. Elle diminuera le nombre des infractions imputables à un même individu. La
peine doit réformer le coupable, donner à son activité
quelquefois exubérante un autre but que le crime, le
ramener dans la voie du bien, l'y maintenir si c'est
possible. Mais on ne doit pas se dissimuler qu'il sera
singulièrement plus difficile d'obtenir l'amendement du
criminel que de prononcer contre lui un châtiment
exemplaire : les conditions matérielles et morales de
son existence, son passé, son état d'âme feront souvent
de sa régénération une œuvre fort délicate.

Le législateur a le choix entre divers moyens de con-
trainte. Il peut tout d'abord frapper le délinquant dans
sa considération, dans ses droits, dans son patrimoine.
Il peut allant plus loin l'atteindre dans sa liberté ; il
peut enfin le frapper dans son corps et dans son existence même. Mais tandis que les peines corporelles et
la plus terrible d'entre elles, la peine de mort, appa-
raissent de plus en plus comme incompatibles avec les
formes modernes de la civilisation, on juge tout à
l'opposé insuffisant et inefficace de ne menacer dans le

délinquant que des droits auxquels il tient peu ou que des biens qu'il ne possède pas. Il convient alors de se borner à la privation de la liberté qui devient sous des variantes le moyen répressif par excellence de nos législations pénales.

La privation de la liberté peut se concevoir de diverses manières, et l'organisation des peines qui la comportent est très délicate ; d'autant plus qu'il ne faut pas se borner à s'occuper de la peine, il faut aussi songer à ce que M. Leveillé (1) appelle son lendemain, c'est-à-dire la libération. Cette double organisation est l'un des buts de la science pénitentiaire, science qui, née d'hier, a déjà acquis néanmoins un important développement. Certains même de ses apôtres voient dans la solution des questions qu'elle étudie, celle du problème pénal tout entier. Le droit pénal disparaît pour eux devant la science pénitentiaire ; toutes les théories du délit s'effacent, on ne s'occupe plus que du délinquant et l'on organise la peine non pour le punir et le corriger, mais pour le soigner et le guérir. Nous n'avons pas à discuter ici ces théories délicates de philosophie pénale, nous croyons cependant que c'est là une exagération et nous limiterons la science pénitentiaire à l'étude des moyens propres à organiser la peine en vue de la punition du coupable et de sa régénération.

(1) Congrès de Lisbonne (Session de l'U. I. D. P.), 1897.

II

Deux solutions ont été données au problème que nous venons de poser. Les uns ont cru trouver dans l'emprisonnement le meilleur moyen d'amender et de châtier à la fois le condamné. Les autres, persuadés, au contraire, que la régénération du coupable ne peut résulter de son internement, ont préconisé son transfert dans les possessions d'outre-mer comme un moyen plus efficace. Mais tandis que toutes les nations modernes admettent l'emprisonnement dans leurs codes, la transportation n'a trouvé place que dans le système pénal d'un petit nombre. C'est, en effet, une peine dont l'excellence est loin d'être reconnue par tous. Les conditions dans lesquelles elle s'exécute, les résultats qu'elle a jusqu'ici donnés, sont encore matière à controverse, et malgré les discussions savantes dont elle a fourni l'objet dans de récents Congrès (1) les criminalistes ne se sont pas encore mis d'accord sur son compte.

Le principe de la transportation paraît cependant fécond en conséquences heureuses et les avantages qui semblent découler de son application ont de quoi séduire l'esprit.

La transportation est présentée d'abord comme un

(1) Congrès pénitentiaires internationaux de Londres (1872), Stockholm (1878), St Pétersbourg (1890), Paris (1895). Sessions de l'Union internationale de droit pénal de Paris (1893) et de Lisbonne (1897). Congrès colonial national de Paris (1890). Congrès colonial international de Bruxelles (1897). Congrès des Sociétés savantes (1894 et 1895).

moyen aussi simple qu'efficace de débarrasser la métropole de ses plus mauvais éléments. Il y a dans chaque nation, au bas de l'échelle sociale, un certain nombre d'individus qui, soit penchants naturels, soit faiblesse de caractère, en sont arrivés, après avoir parcouru une à une les étapes de la voie du crime, à constituer, pour la société au sein de laquelle ils vivent, un danger permanent. Il y a à côté d'eux des natures impulsives qui, par accident, se sont laissées aller à commettre des crimes atroces. Il est enfin des délinquants qui, sans avoir jamais mérité un châtiment sévère, se sont cependant toujours et systématiquement révoltés contre toute idée d'ordre et de travail. L'élimination de ces éléments divers s'impose. La peine de mort ne peut être présentée comme un moyen de l'obtenir. Sa légitimité même est aujourd'hui contestée ; fréquente chez les peuples anciens, elle tend à disparaître des législations pénales modernes. Le mot de Ihering, que l'histoire de la peine est une abolition constante, se vérifie une fois de plus. Quel moyen plus aisé et plus sûr offre la transportation ! Séparés de la métropole par les mille lieues de l'Océan, les éléments dissolvants que le pays a expulsés cesseront de constituer pour lui un péril.

Mais la transportation n'est pas seulement un sûr moyen d'élimination, elle est aussi un puissant moyen de relèvement. Si bas que soit tombé dans l'échelle sociale un individu, tout espoir de le ramener au bien n'est pas perdu. La société, qui a dans sa chute une large part de responsabilité, se doit à elle-même d'essayer de le réformer. Les législations antiques méconnaissaient le but moralisateur de la peine, c'est un honneur pour les sociétés modernes de l'avoir mis en lumière et placé au premier rang. Or, la manière dont le coupable subit la peine de la transportation, la société au sein de laquelle il est appelé à vivre lors de sa libération, sont éminemment favorables à son relèvement. Au point de vue subjectif, en effet, l'amélioration de l'individu est facilitée par l'existence nouvelle qu'il va mener et les intérêts qu'elle lui offre ; au point de vue objectif, son reclassement est favorisé parce qu'il s'opère au milieu d'une société jeune où rien ne rappelle au condamné la civilisation vieillie contre les lois de laquelle il s'est brisé, société exempte de préjugés, qui ne réclame que des bonnes volontés, aux yeux de laquelle le seul titre de libéré n'est pas un vice rédhibitoire et un obstacle absolu au reclassement (1).

Un troisième avantage paraît s'attacher à la transportation. Pour amender le coupable, aucun moyen n'est plus efficace que l'obligation au travail. Le travail qui fait l'indépendance et la dignité de l'homme libre produira le relèvement du délinquant à ses propres yeux et amènera insensiblement sa régénération morale. Mais ce travail imposé au condamné, pourquoi ne

(1) Ces observations ne peuvent s'appliquer à l'envoi des condamnés dans des régions actuellement désertes et qui n'ont que de faibles chances de devenir des colonies de peuplement.

pas le faire servir aux besoins de la contrée qui l'a reçu?
Ce qui manque le plus aux colonies naissantes, ce sont
les bras : qu'on leur donne donc ceux des individus que
la métropole expulse de son sol. Bonne ou mauvaise,
c'est toujours une main-d'œuvre dont elles doivent profiter. Que l'on utilise donc le travail des condamnés pour
la mise en valeur des colonies. Ce n'est que justice en
somme, les condamnés seront les premiers à bénéficier
de la prospérité qu'ils auront créée.

III

Ces trois idées fondamentales sur lesquelles repose
la théorie de la transportation : élimination du sol de
la métropole d'un élément dangereux, amendement et
reclassement du condamné, utilisation de son travail
pour les besoins de la colonie, n'ont pris corps que successivement et dans l'ordre même où nous venons de
les exposer.

Les sociétés primitives et pendant longtemps les nations civilisées ne virent dans l'expatriation qu'un moyen
de se débarrasser des éléments dangereux qui la gê-
naient. L'exil du peuple juif, l'ostracisme des grecs,
l'*interdictio tecti, aquæ et ignis* de la république romaine
ou la *deportatio* de l'Empire n'avaient pas d'autre but.
Réservée par les peuples anciens aux vaincus des luttes
civiles et politiques, la déportation fut appliquée par
l'Angleterre la première aux criminels de droit commun. Mais les essais qui furent tentés de cette peine

dans le courant du XVIII° siècle par l'Angleterre ou par la France montrent qu'elle continua à être considérée uniquement comme un procédé d'élimination. Au courant même de ce siècle, l'Angleterre n'a jamais eu d'autre but.

Il faut arriver à la fin du XVIII° siècle pour voir apparaître l'idée du relèvement du condamné jointe à celle de la nécessité de son éloignement. Sous l'influence des idées généreuses que fait partout germer la Révolution française, les législateurs se proposent de plus nobles buts ; ils commencent à comprendre que l'avenir moral du criminel expulsé ne doit pas leur être indifférent ; ils reconnaissent qu'ils ont pour devoir de contribuer à son amendement. Un décret du 24 vendémiaire an II applique ces principes, il s'inspire aussi bien de l'idée de charité et de rédemption que de celle de justice et d'utilité sociale.

Plus tard enfin, au courant de ce siècle, l'idée de colonisation apparaît (1). A mesure que les nations développent leur empire d'au delà des mers, qu'elles se trouvent en présence des difficultés soulevées par la question de la mise en valeur de leurs nouveaux domaines, elles se demandent s'il n'y aurait pas dans le

(1) L'idée de colonisation doit être distinguée de celle de peuplement. Dans les essais tentés au XVIII° siècle, on voit apparaître le désir des gouvernements de marquer la prise de possession des terrains par eux conquis, en les peuplant de leurs nationaux ; mais l'idée de coloniser avec l'aide des condamnés semble leur être complètement étrangère.

condamné qu'elles expulsent une force vive qu'elles pourraient utiliser à l'œuvre longue de la colonisation. L'exemple de l'Australie hante les esprits des publicistes, son développement rapide et sa prospérité toujours croissante attribués — à tort du reste — aux convicts, fascinent les législateurs. On recherche les moyens de transformer en une source de bénéfices pour les sociétés jeunes vivant dans des pays neufs cet élément dissolvant qui ne constitue qu'un danger pour les nations civilisées du vieux continent.

IV

Quelques nations européennes, avons-nous dit, admettent la transportation dans leur système pénal. La législation française est une de celles où lui est faite la plus large place.

Quoiqu'elle n'ait reçu une véritable organisation qu'au milieu du XIXᵉ siècle, la transportation fut connue de l'ancien régime ; certains rois crurent y trouver un moyen d'assurer le peuplement des colonies. C'est ainsi que Jacques Cartier reçut de François Iᵉʳ 50 condamnés et qu'Henri II en accorda 600 à l'amiral Villegagnon pour fonder une colonie au Brésil. D'autres furent en 1720 envoyés par Law à la Nouvelle-Orléans. Enfin en 1763, l'expédition si tragiquement terminée du duc de Choiseul jeta sur la plage de Kourou en Guyane 10.000 vagabonds qui y périrent de la fièvre et de la faim. L'Assemblée constituante s'occupa de la ques-

tion. La loi du 25 septembre 1791 punit de la transportation à vie les condamnés pour crime au cas de
récidive ; le décret du 24 vendémiaire an II organise
la transportation à temps des récidivistes du vagabondage. Mais, bien que tout ce qui touche à l'exécution
même de la peine fût prévu par ces actes législatifs
avec un assez grand luxe de détails, bien que le Fort-
Dauphin à Madagascar eût été désigné pour recevoir les
condamnés, aucun ne fut jamais déporté à cause des
difficultés du transport et cette législation fut supprimée
sous l'Empire sans avoir jamais reçu un commencement
d'application.

Le Code pénal de 1810 plaça les travaux forcés au
deuxième rang de l'échelle des peines et en fit la sanc-
tion d'un assez grand nombre de crimes. Mais cette
peine ne fut point exécutée dans les possessions d'outre-mer, elle fut subie dans les ports de la métropole :
à Toulon, Brest et Rochefort. L'insuccès des bagnes pro-
voqué en partie par l'habitude d'employer les condamnés à d'inutiles travaux, la campagne menée contre eux
par quelques âmes généreuses et « sensibles » que le
sort des forçats préoccupe, enfin et surtout l'influence
des théories anglaises et l'exemple de leur heureuse application à la colonisation australienne devaient amener
la substitution de la transportation aux bagnes conti-
nentaux. Cette transformation ne fut pas l'œuvre d'un
jour ; les secousses politiques qui agitèrent la France à
cette époque retardèrent le mouvement. Le projet de

loi déposé par le Gouvernement en 1821, celui de
MM. d'Haussonville et La Farelle, le vote même en 1843
par la Chambre des Députés d'une loi qui échoua devant la Chambre des Pairs, le message du Prince Président en 1850, le décret du 8 décembre 1851 en mar-
quent les diverses étapes.

C'est avec le décret du 27 mars 1852 qui, invoquant
le droit de grâce du chef de l'État, décide l'envoi en
Guyane des condamnés aux travaux forcés, que la transportation prend réellement naissance à l'état d'institution pénale. La loi du 30 mai 1854, qui n'est que le
développement des principes posés par ce décret, en
devient la loi fondamentale.

La transportation est depuis cette époque le mode
ordinaire d'exécution de la peine des travaux forcés prononcée par les Cours d'assises soit à temps, soit à perpétuité. Elle frappe par conséquent les crimes les plus
graves : assassinats, meurtres, viols, vols qualifiés, in-
cendies... Elle consiste dans le transfert du condamné
suivi d'internement perpétuel ou de longue durée dans
une colonie lointaine. On sait que la Guyane et la Nouvelle-Calédonie ont été désignées comme lieux d'exécution de cette peine (1). Des décrets nombreux rendus en
exécution de la loi de 1854 ont déterminé son organisation ; ils ont trait au régime disciplinaire des condam-

----

(1) En dehors de ces deux colonies, des condamnés ont été transportés à Obock, au Gabon, à Poulo-Condore et à Diégo-Suarez. Mais ce
sont là des expériences passagères et de peu d'importance.

nés, à leur répartition en différentes classes, aux moyens
moralisateurs qui so nt appliqués, aux conditions dans
lesquelles le travail est imposé pendant la durée de la
peine, à la situation qui est faite aux libérés et à l'avenir
qui leur est réservé comme colons. Nous aurons, au
cours de cette étude, à analyser les dispositions de ces
nombreux décrets.

En dehors des travaux forcés la législation française
admet deux autres peines coloniales : la déportation et
la relégation.

La première est une peine politique ; elle a été appliquée à diverses reprises aux époques troublées de notre
histoire. Pendant la Révolution, sous l'Empire, en 1848,
après le 2 Décembre, enfin plus près de nous au moment
de la Commune, de nombreux citoyens, plus ou moins
arbitrairement déportés ont pris le chemin des colonies.
L'organisation actuelle de la déportation se trouve dans
la loi du 8 juin 1850 qui en distingue deux catégories :
la déportation simple et la déportation dans une enceinte fortifiée. Cette peine, qui n'est plus que très rarement appliquée, est depuis longtemps condamnée par
les criminalistes. C'est une mesure administrative que
ne justifient même pas les circonstances dans lesquelles
elle est prise. Ses conditions d'exécution sont des plus
défectueuses. Au point de vue pénal, les condamnés
jouissent dans la colonie de la liberté la plus complète ;
on veille seulement au maintien de l'ordre et à l'empê-
chement des évasions. Au point de vue économique,

bien que la loi de 1873 contienne des dispositions destinées à favoriser leur établissement définitif dans la
colonie, il faut reconnaître que les déportés ne sont pas
aptes à devenir des colons. Le droit à l'oisiveté et l'espoir rarement déçu du retour les empêchent de se livrer.
avec quelque ardeur aux travaux de la colonisation.

La relégation ne date que de quelques années ; elle a
été créée par la loi de 1885 et son organisation est l'œuvre de décrets postérieurs. Elle consiste dans le transfert des condamnés aux colonies avec l'obligation d'y
résider à perpétuité. C'est une peine complémentaire
qui s'applique aux individus ayant encouru un nombre
déterminé de condamnations et dont la multiplicité ou
la gravité des récidives ne permettent pas d'espérer le
reclassement dans la France continentale. Elle est subie
aussi en Guyane et en Nouvelle-Calédonie, mais dans
des établissement distincts de ceux de la transportation (1). Les relégués sont divisés en deux catégories :
relégués individuels et relégués collectifs. Nous aurons
à examiner le régime auquel ils sont soumis et nous
verrons que, malgré des différences apparentes, il est
absolument identique à celui qui est imposé aux condamnés aux travaux forcés.

(1) Les territoires spécialement affectés à la relégation sont : le bassin du Maroni en Guyane, l'île des Pins et la baie de Prony en Nouvelle-Calédonie.

V

Laissant absolument de côté la peine politique de la déportation que supprime d'ailleurs le projet de Code pénal actuellement soumis au Parlement, nous nous occuperons, au cours de cette étude, de la transportation appliquée soit aux condamnés aux travaux forcés soit aux relégués. Nous avons vu qu'on assignait généralement un triple but à cette peine : épuration de la métropole, relèvement du condamné, développement de la colonie. Sur le premier de ces points la transportation ne manque jamais son objet : le pays est à jamais purgé de ses criminels. Nous nous proposons de rechercher ici s'il en est de même aux deux autres points de vue.

Nous étudierons dans une première partie la transportation au point de vue pénitentiaire. Analysant les décrets qui en ont réglé les conditions d'exécution, nous verrons si leur application a produit ce qu'on en espérait et si la régénération et le reclassement du coupable en ont été les résultats.

Dans une deuxième partie nous rechercherons de quelle manière a été utilisée la main-d'œuvre des forçats et le profit que les colonies pénales en ont retiré.

Amené à ces deux points de vue à apprécier les résultats que la transportation a donnés dans notre pays nous aurons à examiner ensuite s'ils ont été les mêmes chez les nations qui admettent cette peine dans leur législation. Nous serons alors en état de conclure sur le principe même de la transportation (1).

(1) Nous croyons pouvoir nous abstenir d'insister comme on l'a fait si souvent sur le caractère particulièrement délicat du problème de la transportation. La dualité pour ne pas dire la contradiction des intérêts en présence et d'autre part, l'éloignement même du lieu d'exécution de la peine constituent des difficultés spéciales qui n'échappent à personne.

PREMIÈRE PARTIE

DE L'AMENDEMENT ET DU RECLASSEMENT
DES TRANSPORTÉS

——

L'organisation de toute peine doit comprendre une discipline et des moyens moralisateurs. Un châtiment raisonné et gradué est nécessaire pour commencer l'amélioration de l'âme du coupable qui doit se produire ensuite d'une manière progressive. La répression doit être sévère pour atteindre le condamné d'une façon effective, lui faire regretter son crime et l'amener à prendre la résolution de ne pas le renouveler. Une peine qui n'est pas intimidante et répressive, qui ne comporte pas un système de récompenses et de châtiments équitablement organisé ne produit sur celui qui la subit aucun effet : elle ne désarme pas son bras. La régénération ainsi commencée par l'exécution même de la peine doit se manifester par l'éveil de sentiments nobles et élevés dont il importe de favoriser le développement. La reconstitution de la famille apparaît comme un des moyens les plus efficaces pour l'obtenir, et de même l'appel à l'initiative individuelle et à l'instinct de la propriété. Nous n'avons pas besoin d'ajouter combien au point de vue de l'exemple la peine doit être intimidante. Laisser s'introduire dans l'exécution de la peine des éléments de séduction constituerait une prime à la criminalité.

En rappelant ces principes, nous venons de tracer le plan de la première partie de cette étude. Nous devons successivement étudier comment la peine de la transportation est subie et quel régime disciplinaire est appliqué au condamné ; — quels efforts ont été faits pour reconstituer la famille ; — par quels moyens on a essayé d'éveiller chez les transportés l'instinct de la propriété individuelle. Nous exposerons ce qui a été fait à ces divers points de vue et nous aurons à rechercher les effets des mesures qui ont été prises. Enfin, pour apprécier les résultats d'ensemble qu'a donnés la transportation au point de vue pénal, nous verrons ce que l'application du régime qu'ils ont subi a produit sur les condamnés qui, après avoir parcouru les diverses étapes de la peine, sont arrivés à son terme ; nous chercherons si les libérés ont conquis dans la société la place qui leur semblait réservée, si leur reclassement a été obtenu.

CHAPITRE PREMIER

RÉGIME DISCIPLINAIRE.

I

La loi du 30 mai 1854 ne contient pas dans ses articles une organisation du régime pénitentiaire applicable aux forçats en cours de peine. Elle se contente (art. 14) d'annoncer sur ce point un règlement d'administration publique. C'est le décret du 18 juin 1880 qui est venu après vingt-six ans d'attente, déterminer le régime des établissements de travaux forcés. Jusqu'à son apparition, ce furent les Gouverneurs généraux des colonies qui eurent à organiser au point de vue de l'exécution la peine des travaux forcés. Il existait seulement un règlement très détaillé du 10 mai 1855 sur le service intérieur des établissements de la Guyane, approuvé par le Ministre et étendu à la Nouvelle-Calédonie par dépêche du 31 avril 1865. Les arrêtés des Gouverneurs le complétaient. Le décret de 1880, tout en s'inspirant de ces divers documents, établissait un régime beaucoup moins sévère que celui auquel avaient été soumis jusqu'alors les condamnés. Il est caractérisé par la division des forçats en cinq classes « déterminées d'après la situation pénale, l'état moral, la conduite et l'assiduité au travail des condamnés » (art. 1) et par la suppression

des châtiments corporels (coups de corde, bastonnade),
châtiments très redoutés des forçats et que rempla-
çaient, à quelques modifications près, les peines en
usage dans la marine. Le régime inauguré par ce décret,
qu'inspiraient des idées humanitaires déplacées dans
la circonstance n'a eu, d'ailleurs, qu'une courte durée.
C'est un décret du 4 septembre 1891 qui contient les
dispositions nouvelles applicables aujourd'hui. Deux
autres décrets du 16 novembre 1889, relatif à la dési-
gnation des lieux de transportation dans lesquels seront
internés les condamnés aux travaux forcés, et du 5 octobre 1889 sur les lois pénales qui leur sont applicables
forment avec lui l'ensemble de la législation en matière
disciplinaire.

Les condamnés aux travaux forcés qui attendent au
dépôt de St-Martin-de-Ré leur départ pour les colonies,
doivent être dirigés les uns sur la Guyane, les autres
sur la Nouvelle-Calédonie. Ici se présente donc la nécessité d'opérer entre eux une première sélection. La
Guyane offre en effet à cause de son insalubrité de
graves dangers pour l'Européen ; la Nouvelle-Calédonie,
rend, au contraire, son acclimatation très facile. C'est
en se basant sur la durée de la peine que s'est d'abord
opéré le classement. Suivant une décision ministérielle
du 15 avril 1887, les condamnés à moins de 8 ans devaient gagner Nouméa, les condamnés à plus de 8 ans
prenaient le bateau pour les Iles du Salut. On se con-
tentait ainsi de choisir pour la colonie où les conditions

climatériques rendaient la peine plus redoutable les individus qu'un châtiment plus sévère faisait considérer comme plus pervertis. C'était résoudre d'une façon fort simple il est vrai, mais par trop brutale la question si importante de la sélection. On ne tenait aucun compte des antécédents judiciaires du condamné, ni de sa valeur morale, ni de ses aptitudes intellectuelles, ni de ses forces physiques, ni des services qu'il pouvait rendre à la colonisation, toutes choses dont l'examen minutieux est bien l'indispensable préface d'une application méthodique et intelligente de la transportation.

Avec le décret du 16 novembre 1889, aujourd'hui en vigueur, d'autres principes ont prévalu. Ce n'est plus sur une question de chiffres que s'opère la répartition des condamnés entre nos deux colonies pénales. C'est à la Commission permanente du régime pénitentiaire (1) ou plutôt à deux sous-commissions prises dans son sein qu'en est confié le soin (arrêté du sous-secrétaire d'État

(1) La Commission permanente du régime pénitiaire a été créée par arrêté ministériel du 15 mai 1889 à la suite du mouvement en faveur de la réforme de la législation des travaux forcés, dû à l'enquête de M. Leveillé en Guyane en 1885, au rapport sur le budget des colonies pour 1885 de M. de Lanessan et à l'initiative de M. Etienne, sous-secrétaire d'Etat aux colonies en 1889. Elle comprend des représentants des Ministères de la Justice, de l'Intérieur, de la Marine et des Colonies, ainsi que des magistrats et fonctionnaires coloniaux. Elle a notamment pour mission « d'étudier les réformes qu'il y aurait lieu d'apporter dans le régime des établissements pénitentiaires coloniaux et de préparer la refonte des règlements d'administration publique rendus en exécution de la loi du 30 mai 1854 ». Elle a préparé depuis sa création tous les décrets qui régissent actuellement la peine de la transportation et qui ont remplacé la législation trop débonnaire de 1880.

du 20 nov. 1889). La commission de classement s'enquiert des antécédents du forçat, de sa situation personnelle et de famille, de sa conduite dans la prison, des circonstances dans lesquelles a été commis le crime qu'il expie, enfin de ses aptitudes physiques, de sa profession et de son utilisation possible dans la colonie. Munie de ces renseignements, elle choisit pour la Guyane les malfaiteurs incorrigibles, les criminels les plus dangereux, ceux en un mot dont l'amendement et l'utilisation lui paraissent peu probables. A la Nouvelle-Calédonie elle destine avec les condamnés primaires les récidivistes qui ont encouru les condamnations les moins nombreuses ou celles qui dénotent un moindre caractère de perversité ; ce sont les individus dont le reclassement semble le plus aisé à obtenir et qui en même temps pourront le mieux par leur travail aider au développement de la colonie. Le Ministre des Colonies sanctionne le choix de la commission.

Ce système de classement, à côté de l'avantage qu'il offre de laisser le criminel dans l'ignorance du lieu où il subira sa peine et sous la menace d'être envoyé en Guyane, présente cependant un inconvénient. Comme presque tous les systèmes que nous aurons à examiner au cours de cette étude, il est bien plus séduisant en théorie qu'en pratique. Il est extrêmement difficile à la commission qui a plus de 1500 dossiers à examiner chaque année, d'opérer une irréprochable sélection. Les renseignements sur lesquels elle base son choix ne

lui sont souvent fournis par les dossiers que dans des
termes peu précis. Dans la pratique elle semble se décider surtout d'après la longueur de la peine. « Tous
les individus frappés d'une peine supérieure à 8 ans
de travaux forcés sont envoyés en Guyane, parmi les
autres seulement on choisit (1). » Or comme le remarque très justement M. Mimande, les condamnés à de
courtes peines sont le plus souvent des voleurs, des vagabonds, des souteneurs, des individus appartenant en
somme à la catégorie la plus pervertie des criminels ;
il faudrait avoir une forte dose de confiance, pour ne
pas dire de naïveté, pour espérer leur reclassement ;
les condamnés à de longues peines sont au contraire des
assassins ou des meurtriers, auteurs de crimes passion-
nels, dont la moralité est plus élevée et dont la régénération peut être tentée avec plus de succès. La dési-
gnation faite par la commission ne paraît donc pas en
absolue conformité avec l'esprit du décret qui voudrait
voir diriger sur la Nouvelle-Calédonie les meilleurs des
condamnés. C'est en définitive un retour à la méthode
que la réglementation nouvelle avait voulu écarter.

Arrivés dans la colonie pénitentiaire, les forçats y sont
placés dans l'une des deux dernières classes. Le décret
de 1891 a en effet, comme celui de 1880, réparti en diverses catégories les condamnés en cours de peine ; mais
il a réduit de cinq à trois le nombre des classes. Elles

_____

(1) Paul Mimande, *Bagnes d'Outre-Mer* (*Revue du Palais,* mars 1898).

sont déterminées comme auparavant d'après la situation
pénale, la conduite et l'assiduité au travail des condamnés (art. 1). C'est là un excellent système qui, en théorie tout au moins, possède le grand avantage d'éviter la
promiscuité des condamnés et la démoralisation qu'elle
produit chez les meilleurs d'entre eux.

Affectés par le Ministre des Colonies aux différentes
colonies pénitentiaires, c'est par son collègue de la Justice et sur la proposition d'une commission composée
des représentants des départements intéressés que les
condamnés sont mis en deuxième ou en troisième
classe (art. 7). On tient compte pour ce classement de
l'état moral des forçats et de leurs chances de relèvement, la deuxième classe comprenant ceux d'entre eux
qui paraissent susceptibles de la régénération la plus
prompte.

Séparés entièrement des condamnés des deux autres
classes, ceux de la troisième sont affectés « aux travaux
les plus particulièrement pénibles ». Ils sont astreints
au silence de jour et de nuit, pendant le travail comme
pendant le repos. Enfermés dans des cases durant le
temps qu'ils ne passent pas sur les chantiers, ils couchent la nuit sur un lit de camp et, si les locaux le permettent — mais ils ne l'ont pas permis jusqu'ici — sont
isolés (art. 6). Cette classe comprend les condamnés qui
y ont été versés dès leur arrivée dans la colonie et ceux
de la deuxième qui ont été rétrogradés à la suite de punitions.

Les condamnés de la deuxième classe sont déjà beaucoup mieux traités. Les travaux auxquels ils sont affectés sont moins pénibles : ce sont des travaux de colonisation et d'utilité publique (art. 5), ni plus ni moins fatigants que ceux auxquels se livrent chez nous les paysans et les ouvriers des villes. Cette classe est composée des forçats qui y sont placés au début de leur peine et de ceux de la troisième qui, au bout des deux ans requis, ont mérité d'y être admis (art. 9).

Quant aux condamnés de la première classe, qui sont les mieux notés, ils subissent un régime qui n'a presque plus rien de répressif. Ils jouissent d'une demi-liberté et c'est à eux que sont réservées les faveurs de l'Administration : concessions urbaines ou rurales, bénéfice de l'assignation, c'est-à-dire du droit d'être employés comme domestiques chez les habitants de la colonie, établissement comme élèves concessionnaires dans une station agricole, travail chez les particuliers en qualité de chefs de chantiers ou d'ateliers (art. 3, § 4). Le condamné de deuxième classe ne peut, sauf les cas exceptionnels, arriver à la première qu'après avoir accompli la moitié de sa peine, s'il est condamné à moins de vingt ans, ou dix ans s'il est condamné à plus de vingt.

Indépendamment du passage d'une classe à une autre, d'autres récompenses sont offertes aux condamnés. Ceux-ci peuvent mériter la libération conditionnelle, la grâce et plus tard la réhabilitation. Mais dans ce sys-

tème complet de récompenses organisé pour eux le
législateur n'a pas cru devoir introduire la faveur du
retour dans la métropole. La question de son utilité est
discutée. Quelques-uns pensent que l'espoir de la rentrée
en France serait pour certains, pour ceux que l'exil
frappe le plus douloureusement, c'est-à-dire les meilleurs, un puissant aiguillon. D'autres voient au contraire dans la possibilité du retour un obstacle à l'attachement du colon pour la colonie et soutiennent que
d'ailleurs la peine perdrait le caractère très vif d'intimidation qu'elle doit à l'éloignement de la patrie.

Le décret de 1891 a supprimé le salaire que celui de
1880 attribuait aux condamnés des premières classes.
Ce n'était pas en effet une des moindres critiques que
l'on fût en droit d'adresser à ce décret que de rémunérer
un travail forcé. Les condamnés peuvent seulement,
par leur assiduité et leur conduite obtenir des bons de
cantine supplémentaires ; si le bon n'est pas utilisé
le jour même, cas qu'il est permis de supposer rare,
la valeur en est versée au pécule. D'ailleurs l'Administration ne délivre la ration normale journalière
que sur la présentation d'un bon de cantine délivré au
forçat qui a effectué le travail à lui imposé ; le condamné qui ne peut présenter ce bon n'a droit qu'au
pain et à l'eau (art. 12). C'est, on le voit, un moyen très
simple d'obliger le condamné au travail.

Les titres II et III du décret de 1891 forment un véritable code des punitions disciplinaires qui peuvent

être infligées aux condamnés : prison de nuit, cellule et cachot (1). Ces punitions sont prononcées par une commission disciplinaire (2) instituée dans chaque pénitencier et suivant une procédure spéciale.

Les individus dont le caractère n'a pas été dompté par ce régime de punitions sont considérés comme incorrigibles et internés, soit dans des quartiers disciplinaires situés sur des pénitenciers spéciaux de répression, soit dans des camps disciplinaires établis pour l'exécution des travaux publics. Ils sont astreints aux travaux les plus pénibles et soumis au silence de jour et de nuit; ils couchent isolés ou sur un lit de camp avec la double boucle ; ils ne reçoivent jamais de bons supplémentaires de cantine ; la salle de discipline, la cellule, le cachot peuvent leur être infligés pour des fautes disciplinaires (titre IV). Le régime de ces camps

---

(1) Les condamnés punis de prison de nuit couchent sur un lit de camp et sont mis à la boucle simple ; ils sont dans la journée astreints au travail de leur classe. Les forçats punis de cellule sont enfermés isolément et astreints au travail ; ils sont réunis dans un préau une heure par jour et obligés de marcher à la file indienne sous la conduite de surveillants ; ils sont mis au pain sec un jour sur trois, couchent sur un lit de camp et ont la boucle simple pendant la nuit. Les condamnés punis de cachot sont enfermés isolément dans un local obscur, couchent sur un lit de camp, sont astreints à la boucle double pendant la nuit et mis au pain sec deux jours sur trois (art. 15, 16, 17). Ces punitions, sauf le cachot peuvent pour le condamné concessionnaire être converties en journées de travail pour l'exécution de travaux d'intérêt général sur les centres de colonisation (art. 21).

(2) Cette commission est appelée à donner son avis pour tous les changements de classe des condamnés (art. 29).

est en réalité très sévère et la surveillance y est exercée d'une manière très rigoureuse.

Pour les délits de droit commun que peuvent commettre les forçats, le décret du 5 octobre 1889 a décidé que les lois pénales en vigueur dans les colonies pénitentiaires seraient, sous réserves de certaines modifications, applicables aux condamnés en cours de peine. Ce décret, qui constitue un véritable Code pénal des forçats, n'est pas sans analogie avec le Code de justice militaire pour l'armée de mer (loi du 4 juin 1858). Avant sa promulgation, la répression était complètement illusoire. La peine des travaux forcés, étant légalement plus grave que l'emprisonnement et la réclusion, on admettait qu'elle devait être subie avant celle-ci. Que pouvaient, dans ces conditions, faire à un forçat condamné à vie, quelques années de prison ou même de travaux forcés prononcées contre lui? On arrivait simplement à accumuler sur la tête d'un individu des centaines d'années de bagne dont il supportait allègrement le poids.

Ce sont des tribunaux maritimes spéciaux dont l'organisation (1) est réglée par décret du 4 octobre 1889 qui prononcent les peines : peine de mort, réclusion, emprisonnement. Deux infractions nouvelles sont ré-

---

(1) Ils sont constitués par un officier supérieur du corps de la marine ou des troupes de la marine assisté de : un magistrat de première instance, un officier subalterne, un fonctionnaire de l'Administration et un sous-officier. Tous les membres du tribunal sont nommés par le gouverneur.

primées : voies de fait sur la personne d'un agent de l'Administration pénitentiaire (punies de mort) et refus de travail (puni d'emprisonnement ou de réclusion). Les peines d'incarcération sont subies dès qu'elles sont devenues définitives et non plus après celles des travaux forcés ; la peine de mort est exécutée de suite sous certaines conditions ; il n'est plus nécessaire d'envoyer le dossier se promener à Paris du Pavillon de Flore à la place Vendôme et à l'Elysée ; l'expiation suit de près la faute.

Tel est, au moins en théorie, le régime disciplinaire que subissent dans les colonies pénitentiaires les condamnés aux travaux forcés.

Ainsi organisée, la transportation est-elle une peine intimidante et répressive, capable d'amener la régénération du condamné ?

Et d'abord, malgré l'apparente sévérité du règlement actuel, il est encore vrai de dire que la manière dont s'exécute la peine des travaux forcés en fait un châtiment moins terrible que la réclusion et change ainsi la gradation établie par le Code pénal qui place les travaux forcés immédiatement au-dessous de la peine de mort (1).

Ce ne sont en effet, nous l'avons vu, que les condamnés de la troisième classe qui subissent une véritable

_____

(1) La nécessité dans laquelle on s'est trouvé de faire subir la réclusion aux condamnés en cours de peine (D. 5 oct. 1889) est bien une preuve que la gradation se trouvait changée.

répression. Mais tous les forçats n'y passent pas, beaucoup sont d'office mis en deuxième classe. Dans la dernière classe même, le régime n'est point aussi rigoureux
qu'il le paraît dès l'abord ; étant donné le petit nombre
des surveillants, un par vingt-cinq condamnés d'après
le règlement et moins encore en réalité (1), la prudence
les oblige à traiter les forçats avec une modération qui
atténue beaucoup la sévérité des règlements. Dans les
camps disciplinaires même dont on s'est plu à tracer
de saisissants tableaux (2) et où sont réunis les plus
pervertis des criminels, ceux sur qui la répression devrait s'exercer avec le plus de rigueur, l'Administration
se montre assez large et dans la pratique la ration normale est une exception (3).

Les peines disciplinaires ne paraissent pas non plus
de nature à inspirer aux condamnés qui les subissent
une salutaire terreur. Elles ne sont pas beaucoup plus
sévères que la peine de la prison avec cellule infligée
aux militaires de nos corps de troupe, qui eux font, non
pas une heure, mais quatre heures par jour de « peloton
de punition ». Ajoutons que jusqu'en 1880 la peine
du cachot n'était pas appliquée parce qu'il n'existait pas

(1) C'est ainsi que l'on a pu constater lors de la révolte des forçats
des Iles du Salut en octobre 1894, qu'il y avait 8 surveillants pour garder 400 forçats parmi lesquels quelques-uns des anarchistes les plus
violents de la métropole.

(2) Paul Mimande, *Au bagne* (*Revue des Deux-Mondes*, 15 mai 1893,
p. 441).

(3) Pain, *Colonisation pénale*, p. 127.

de local spécialement affecté. Les châtiments corporels, les seuls que redoutaient les forçats, ont depuis long-temps été abolis.

Quant au travail qui est imposé aux condamnés, il ne semble pas être au-dessus des forces moyennes d'un homme valide. Les travaux de route, de construction ou de défrichement ne sont au surplus obligatoires que pendant huit heures, car à peu près seuls jusqu'ici de ceux qui le forment, les condamnés sont arrivés à réaliser le rêve des Trois-Huit. Ceux d'ailleurs qui connaissent un métier manuel en profitent pour adou-cir leur sort et sont employés par l'Administration à des travaux de leur profession. Il faut ajouter que la surveillance étant difficile sur les chantiers, les con-damnés paresseux ne font à peu près rien, se contentant de changer leurs outils de place à la vue d'un gardien. Enfin les ateliers sont fermés le dimanche et jusqu'en 1886 ils l'étaient même dans l'après-midi du samedi. Il est au moins curieux de voir instituées au profit des transportés les réformes réclamées sans succès par les classes ouvrières de la métropole.

En compensation des fatigues que pendant leurs jour-nées de travail forcé subissent les condamnés, c'est une ration à peine inférieure à celle de nos soldats et de nos marins, supérieure à celle des réclusionnaires, que leur réserve l'Administration (1). Aux 750 grammes de pain

(1) M. Beauchet (*Transportation et colonisation pénale, Revue poli-tique et parlementaire*, 10 janvier 1898) réfute excellemment la théorie

frais et aux 250 grammes de viande qu'il accordait à tous, le décret de 1880 ajoutait pour les condamnés des trois premières classes une ration quotidienne de vin et de tafia. Aussi devait-on reconnaître que le régime des condamnés était sensiblement supérieur à celui de beaucoup de paysans de l'Auvergne, de la Bretagne ou même de la Normandie.

Quant aux condamnés de première classe, ce n'est plus une peine qu'ils subissent, ceux surtout qui sont concessionnaires, assignés ou garçons de famille. Il est vrai que ce sont les meilleurs des transportés, ceux que l'on est censé avoir amendés et qui sont en train de reconquérir une place honorable dans la société.

Si tel est le tableau réel de la vie pénitentiaire des transportés, telle est bien aussi l'idée que s'en font les criminels. La perspective d'un voyage au cours duquel une promenade hygiénique et quotidienne sur le pont et une nourriture composée de viande et même de volaille leur permettront de lutter contre les atteintes du mal de mer, l'espoir de la vie au grand air dans des conditions de quasi-liberté et sous un excellent climat, la chance même des évasions facilitées par la difficulté de la surveillance et ouvrant la porte à une vie d'aventures et d'oisiveté, tout cela produit souvent sur l'esprit des cri-

émise par l'Administration, d'après laquelle le travail peu pénible et la nourriture fortifiante seraient nécessaires aux condamnés dans les pays chauds ; il indique que, si la force des choses le veut ainsi, le résultat n'en est pas moins d'enlever à la peine tout caractère répressif.

minels et celui des réclusionnaires des maisons centrales un irrésistible attrait. C'est à tel point que le législateur a dû intervenir en 1880 et décider par la loi du
25 décembre que les réclusionnaires, soumis eux pendant toute la durée de la peine aux rigueurs de l'incarcération et ʟ ayant que le frêle espoir de la libération
conditionnelle, subiraient dans leur maison centrale les
peines qu'ils avaient encourues pour des crimes commis
sur leurs gardiens ou leurs co-détenus dans le seul but
d'obtenir leur envoi en Nouvelle-Calédonie. Nous savons bien que les criminalistes éminents qui siègent à
la Commission du régime pénitentiaire déclarent qu'a-
vec les nouveaux décrets par eux préparés, ils ont rendu
à la peine son caractère intimidant et répressif. Encore
faudrait-il faire pénétrer cette impression dans l'esprit
des criminels ; or ceux-ci continuent, non sans raison
d'ailleurs, à considérer les travaux forcés comme moins
pénibles que la réclusion. La seule chose qu'ils craignent, en France comme en Nouvelle-Calédonie, c'est
la cellule ; tous les directeurs de prison cellulaire indiquent la terreur que ce régime inspire aux délinquants,
et dans plusieurs pays, ils ont remarqué que les criminels évitent les arrondissements où les méfaits qu'ils
commettent auraient pour conséquence leur envoi dans
des prisons cellulaires.

Si la peine de la transportation manque par elle-
même du caractère d'intimidation nécessaire pour commencer la régénération du coupable, il faut reconnaître

que la manière dont elle s'exécute ne rend pas par ailleurs cet amendement bien aisé. Nous voulons parler de la promiscuité dans laquelle se trouvent inévitablement réunis tous les forçats et de la façon défectueuse dont s'opère le passage d'une classe à l'autre.

C'est encore en théorie bien plus qu'en pratique, que la séparation des trois catégories de condamnés se trouve obtenue. Les décrets spécifient bien que les condamnés de la troisième classe seront éloignés de ceux des deux premières, que parmi les forçats d'une même classe des sélections seront opérées, de manière à former des groupes dont les membres seront à peu près tous au même niveau moral, que le système de l'isolement de nuit, principe fondamental des systèmes pénitentiaires modernes, sera le plus possible appliqué. Tout cela reste lettre morte (1). En fait, c'est la promiscuité la plus révoltante qui règne; l'insuffisance des locaux s'oppose à ce qu'il en soit autrement. Comment demander d'ailleurs que le système cellulaire soit appliqué aux colonies quand il ne l'est même pas dans la métropole ; et au surplus pendant le travail sur les chantiers le rapprochement des condamnés ne peut être évité.

(1) Ce n'est pas un des moindres inconvénients des peines coloniales que de rendre difficile le contrôle par le fait de l'éloignement de la métropole. On édicte des règlements, on prend des arrêtés; on promulgue des décrets ; mais tout cela passe la mer et après 40 jours de traversée tout cela se déforme. L'administration locale est forcément maîtresse, et suivant les opinions de celui qui se trouve à sa tête le décret est appliqué dans un sens ou dans un autre, ou même pas du tout.

On comprend sans peine ce que peut produire cette promiscuité et quelle influence désastreuse peuvent avoir les plus pervertis sur ceux de leurs compagnons qui ne sont pas encore tombés aux derniers degrés de l'échelle sociale. M. Mimande cite de navrants exemples de condamnés ayant appartenu aux meilleures classes de la société (1), poussés au crime dans un moment de folie, et finissant, après quelques années de bagne, dans le délabrement physique et moral le plus complet. Il décrit en termes saisissants les effets de cette solidarité du bagne s'imposant au nouveau venu, enserrant les libérés par delà même les murs du pénitencier, apportant un obstacle invincible à la répression des meurtres commis par les détenus et nivelant toutes les moralités en les abaissant au niveau le plus bas. Vouloir que, dans un pareil milieu, un homme déjà frappé se relève et s'amende, n'est-ce pas une utopie? Quel courage, quelle volonté, quelle constance n'est-ce pas lui demander?

Le système des classes ou plutôt le passage de l'une à l'autre n'est pas non plus sans laisser place à la critique. Certes des progrès ont été accomplis ; ce n'est plus au bout de 18 mois que le condamné aux travaux

---

(1) Le seul classement opéré entre les forçats à leur arrivée est celui en corps de métier : ceux qui n'en exercent aucun sont employés comme manœuvres, ce qui aboutit à la réunion dans une même catégorie des cambrioleurs et des souteneurs, avec les individus appartenant aux professions libérales, c'est-à-dire des pires et des meilleurs.

forcés se trouve en première classe ; l'admission à la
demi-liberté qui caractérise le régime de cette catégorie
suppose déjà une certaine régénération. Mais il est un
vice inhérent au système lui-même. Comment un condamné méritera-t-il l'accès à une classe supérieure ?
C'est en n'encourant aucune punition, en n'enfrei-
gnant aucun règlement. Est-ce là une preuve de régénération, ne sera-ce pas bien souvent le résultat d'un
calcul ? Un chenapan habile se dira que deux ou trois
années de soumission à des règlements d'ailleurs peu
rigoureux sont bientôt passées ; il saura se montrer zélé
au travail quand il se sentira surveillé ; il ne commettra
des fautes que quand il aura la certitude de ne pas être
découvert ; il saura capter la confiance de ses gardiens
par des actes d'obéissance et mériter ainsi la note de
« bon sujet » qui lui facilitera la mise en concession.
Tandis qu'à côté de lui un individu à l'âme plus haute,
mais au caractère plus violent, un impulsif à l'énergie
farouche descendra petit à petit par une suite de punitions répétées, pour des réponses inconvenantes, pour
des mouvements d'impatience insuffisamment répri-
més, pour des tentatives d'évasion, jusqu'aux derniers
rangs de la société du bagne, et finira ses jours dans un
camp disciplinaire, alors que, bien dirigé, il eût pu faire
un utile colon. Il faut reconnaître d'ailleurs que la tâche
imposée aux gardiens est bien délicate et demande une
attention, un tact, une intelligence, un esprit d'analyse
et un dévouement difficiles à rencontrer ; il faudrait

« des Vincent de Paul doublés de Bourget » (1) pour arriver à discerner d'une façon sûre la valeur morale de tous les forçats.

II

Le régime dont nous venons d'exposer l'organisation, est applicable aux individus transportés en vertu de la loi de 1854, c'est-à-dire condamnés aux travaux forcés. Bien que le législateur de 1885 ait voulu organiser pour les relégués un régime tout différent, c'est en fait le même que subissent aussi les récidivistes. Nous devons cependant analyser d'une manière rapide les décrets qui ont été rendus en exécution et pour l'application de la loi du 27 mai 1885. Nous verrons que l'organisation qu'ils ont établie est très analogue à celle que nous venons d'étudier.

Le plus important de ces décrets, celui du 26 novembre 1885 crée deux sortes de relégation correspondant à deux classes distinctes de récidivistes : la relégation individuelle et la relégation collective. Cette division a été introduite dans la pratique à la suite de la discussion qui eut lieu au Parlement sur la question de savoir si le relégué, qui après tout a subi sa peine et par suite expié sa faute, ne doit pas être considéré dans la colonie comme un libéré, c'est-à-dire exonéré de la surveillance et de l'obligation du travail. Le danger qu'il y

(1) Beauchet, *loc. cit.*, p. 73.

aurait eu à laisser errer dans la colonie, venant s'y joindre aux libérés des travaux forcés, des individus déjà tarés auxquels il aurait été loisible de continuer leur vie de vagabondage, détermina le Sénat à introduire dans la loi l'obligation du travail. Elle n'est cependant imposée, aux termes de l'article 1er *in fine*, qu'aux individus qui ne possèdent pas « de moyens d'existence dûment constatés ».

C'est dans cette disposition que l'Administration a cru trouver la base de la distinction qu'elle a créée entre les relégués individuels et les relégués collectifs ; elle a classé le récidiviste dans la première ou la seconde de ces deux catégories, suivant qu'à son arrivée dans la colonie il possédait ou non des moyens d'existence. Cette division, que les décrets ultérieurs sont venus en quelque sorte confirmer en établissant pour chaque relégation des règles spéciales, est critiquable à plusieurs points de vue : elle est absolument arbitraire ; elle est aussi injuste, car elle aboutit en réalité à fonder une différence de régime sur une différence de fortune. Il faut reconnaître qu'elle n'a pas d'ailleurs dans la pratique une importance bien considérable. Les relégués collectifs sont ceux qui n'ont pas été, soit avant, soit après leur envoi hors de France, reconnus aptes à bénéficier de la relégation individuelle. Or, la commission de classement, instituée par décret du 6 mai 1886, qui est chargée avant le départ des relégués de leur accorder le bénéfice de la relégation individuelle, ne le concède pas à plus de 1 0/0 du contingent annuel. La relégation collective est donc la règle et la relégation individuelle l'exception, si bien que l'on a pu dire avec justesse : l'effet normal de la loi de 1885 est la relégation collective et son effet anormal la relégation individuelle (1).

La situation des relégués collectifs est réglée par le décret du 26 novembre 1885. Ceux-ci sont réunis dans des établissements pénitentiaires spéciaux où ils sont soumis à l'obligation du travail de jour en commun et à l'extérieur, et à l'isolement de nuit. Présumés (2) préparés pendant leur séjour en France et l'exécution de leur peine à la vie coloniale (art. 15), ils sont envoyés dès leur arrivée dans la colonie sur les ateliers, chantiers de travaux publics, exploitations forestières, agricoles ou minières. Ils sont répartis dans ces établissements d'après leurs aptitudes, leurs connaissances, leur âge et leur état de santé (art. 32). Mais, à la différence des forçats, les relégués touchent un salaire. L'article 33 porte en effet qu'ils seront rémunérés à raison de leur travail sous réserve d'une retenue opérée par l'Administration pour la couvrir de ses frais, retenue qui ne peut excéder un tiers du produit du travail. Deux

---

(1) Bouteillier, *De la relégation des récidivistes*, p. 180. A la fin de 1896, il y avait en Calédonie 342 relégués individuels et en Guyane 106.

(2) En réalité ils sont occupés au dépôt d'Angoulême, où ils attendent souvent un an et plus leur départ pour les colonies, à des travaux qui n'ont que de lointains rapports avec la vie coloniale : notamment au triage des chiffons et à la confection de sacs, balais et chaussons.

parts sont faites du salaire : une moitié est remise au
condamné qui peut en disposer, l'autre moitié est directement versée à son pécule (art. 4, D. 5 sept. 1887).

Quant au régime disciplinaire applicable aux relégués, il est organisé par un décret du 27 août 1887 et
très analogue à celui que le décret du 4 septembre 1891
précédemment étudié a appliqué aux transportés. Les
punitions sont les mêmes, cachot, cellule, prison de
nuit (et en plus réduction de salaire et privation de
cantine), et prononcées par une commission disciplinaire de même composition. Les incorrigibles sont
affectés également à un quartier de punition où le régime est particulièrement sévère. Pour les crimes de
droit commun la peine de mort et la réclusion cellulaire sont prononcées par le tribunal maritime spécial
dont nous avons déjà parlé.

En réalité, à part la légère différence provenant de la
perception d'un salaire, le régime des relégués est
absolument identique à celui des transportés. « En fait,
conclut M. Teisseire (1) après une consciencieuse étude
de la loi de 1885 et des très nombreux décrets qui
l'ont suivie, relégués et forçats ne sont qu'une seule
et même catégorie de condamnés soumis à une discipline et à des règles absolument identiques : en fait le
relégué n'est rien moins qu'un pauvre malheureux vagabond condamné pour fait de vagabondage simple aux

(1) Teisseire, *La transportation pénale et la relégation*, p. 403.

travaux forcés à perpétuité. » D'aucuns prétendent même que la situation du forçat est moins pénible, il est plus près que le relégué de la concession et de la liberté.

Des faveurs peuvent être accordées aux relégués de bonne conduite. C'est d'abord l'admission dans les sections mobiles (1) créées par décret du 18 février 1888 qui groupe en détachements spéciaux pour être employés aux exploitations des bois, travaux de route, d'assainissement et de défrichement les condamnés qui présentent des chances d'amendement. Pour y être admis, le relégué doit être de bonne conduite et de constitution vigoureuse et obtenir l'avis favorable de la commission. Le régime est en pratique dans les sections mobiles plus doux que dans les autres établissements. La discipline et la surveillance sont plus relâchées. Les relégués sont répartis en quatre classes dans le passage desquelles ils acquièrent progressivement la liberté. La réintégration dans le pénitencier est possible au cas d'inconduite. Les sections mobiles ont malheureusement donné lieu à des déceptions financières et ne paraissent pas en faveur auprès de l'administration locale.

En outre de la relégation individuelle à laquelle nous allons arriver une autre faveur est offerte aux relégués :

(1) Trois sections mobiles ont été créées : sur le domaine de la Ouaménie en Nouvelle-Calédonie, sur le territoire du Haut-Maroni en Guyane, et à Diégo-Suarez (D. 12 fév. et 13 juin 1889).

c'est la libération absolue, c'est-à-dire la faculté, après
six ans de séjour, de demander la réintégration en France
(art. 16, L. de 1885). Pour l'obtenir ils doivent justifier
d'une bonne conduite, de moyens d'existence et de services rendus à la colonisation. Cette faveur accordée
aux relégués soulève les mêmes discussions que pour les
transportés. Elle a été fortement blâmée comme faisant
obstacle à l'esprit de suite et à l'attachement au sol de la
colonie. Mais il faut reconnaître que le décret du 9 juillet 1892 qui a établi les conditions dans lesquelles elle
pouvait être obtenue, a tellement multiplié les obstacles,
qu'en fait aucune décision judiciaire n'a été rendue
jusqu'ici autorisant le retour d'un relégué dans la métropole.

La relégation individuelle est plutôt une faveur réservée à ceux des relégués collectifs dont la conduite a
été bonne qu'un droit reconnu à certains récidivistes dès
leur arrivée dans la colonie. Elle est accordée soit au
départ de France soit après un séjour dans la colonie.
Une commission de classement est dans les deux cas
appelée à donner son avis ainsi que divers fonctionnaires. Pour être admis au bénéfice de la relégation
individuelle il faut, aux termes de l'article 2 du décret
du 26 novembre 1885, avoir une bonne conduite et
justifier de moyens honorables d'existence, notamment
par l'exercice d'une profession ou d'un métier, ou être
reconnu apte à recevoir des concessions de terre, ou
enfin être autorisé à contracter des engagements de

travail ou de service pour le compte de l'État, des colonies ou des particuliers. La relégation individuelle n'est guère accordée avant le départ de France qu'aux condamnés que leur âge et leur conduite permettent de faire entrer dans le corps des disciplinaires coloniaux.

La situation du relégué individuel est réglée par décret du 25 novembre 1887. Ce n'est pas d'une liberté absolue qu'il jouit ; il ne cesse pas d'être surveillé. Il lui est délivré un livret contenant avec son signalement et sa situation judiciaire le texte de certains décrets et lois qu'il lui est utile de connaître. Il doit présenter le livret à toute réquisition des autorités administratives ou judiciaires et le faire viser deux fois par an en janvier et en juillet. Il est également tenu de donner avis de ses changements de résidence. Sous réserve de l'accomplissement de ces formalités, il est libre d'aller et de venir dans la colonie et de se fixer où il veut, à l'exclusion cependant de certaines localités spécialement déterminées. Il reste soumis au droit commun et est justiciable des tribunaux ordinaires. Ce régime est analogue à celui que les décrets des 13 janvier 1888 et 29 septembre 1890 ont appliqué aux libérés des travaux forcés et que nous étudierons ultérieurement. Relégués individuels et forçats libérés ne forment pour ainsi dire qu'une seule et même catégorie.

Le bénéfice de la relégation individuelle peut être retiré pour divers motifs, notamment au cas de nouvelle condamnation, d'abandon de la concession ou d'inconduite notoire (art. 10, D. 26 nov. 1885). Le relégué est alors réintégré dans les établissements de la relégation collective. Il peut aussi demander sa réintégration volontaire et momentanée lorsqu'il se trouve sans ressources.

L'obstacle le plus important qui s'oppose au développement de la relégation individuelle est la difficulté que ceux qui l'ont obtenue éprouvent à se procurer du travail. Aussi les réintégrations à la relégation collective sont-elles fréquentes.

Aucun décret n'est encore intervenu sur la question des concessions et des engagements de travail des relégués auxquels le régime des transportés est purement et simplement appliqué sur ce point.

En résumé les relégués collectifs formant l'immense majorité et leur situation étant identique à celle des transportés, il est exact de dire avec M. Leveillé (1), que la relégation est le pseudonyme de la transportation.

---

(1) Cf. aussi Teisseire, *loc. cit.*, p. 355 : « Le travail obligatoire avec internement à vie, tel fut le régime nouveau imposé aux relégués. La peine, ainsi définie, était celle des travaux forcés à perpétuité sous le nom de relégation. »

CHAPITRE II

Au nombre des moyens capables d'amener une prompte régénération de l'individu perverti, la constitution de la famille a été fréquemment préconisée. Une femme et des enfants, a-t-on dit, font plus pour l'amendement d'un criminel que les gardiens d'un pénitencier. « L'un des nerfs de la production, dit aussi M. Paul Leroy-Beaulieu (1), et à coup sûr le plus grand aiguillon de l'épargne, c'est la famille qui, prolongeant la pensée de l'homme au delà de sa vie individuelle, l'engage à produire et à économiser dans l'intérêt des siens pour un avenir lointain qu'il ne verra pas. » Aussi a-t-on essayé de ce moyen pour faciliter le reclassement des transportés.

Un premier élément a été fourni par les femmes des condamnés. On a cherché à reconstituer dans la colonie la famille de ceux qui étaient mariés dans la métropole. Mais on est obligé de reconnaître que cet élément a été insignifiant. Il est certain que quelques femmes de condamnés primaires, d'une condition sociale relativement élevée, soutenues par une vive affec-

(1) P. Leroy-Beaulieu, *La colonisation chez les peuples modernes.*

tion et un grand courage n'ont point abandonné leurs maris au moment de l'expiation et conservant l'espoir de les ramener au bien n'ont pas hésité à s'expatrier pour les suivre. Mais combien plus nombreuses sont celles, de moralité d'ailleurs douteuse, quelquefois condamnées elles-mêmes qui, trouvant dans l'exil un moyen légal de rompre le lien qui les attachait à leur mari, l'ont laissé partir sans regret, ont contracté une nouvelle union ou ont simplement continué à mener sous la protection d'un autre leur vie de débauche.

Une difficulté d'ailleurs se présente. On ne peut autoriser l'arrivée de la femme et des enfants dans la colonie au moment même où le condamné y débarque. Ce serait permettre à celui-ci de subir sa peine en famille, c'est-à-dire d'améliorer son sort et de rendre la répression illusoire. Il faut en outre attendre que par une mise en concession il soit en mesure de gagner sa vie et celle des siens, pour éviter que l'administration n'ait à sa charge la femme et les enfants (1). Ce n'est donc qu'après quelques années que l'on peut permettre au forçat de reprendre la vie de famille. Mais on se demande alors si la femme et les enfants seront disposés à le rejoindre. Peut-être quelque liaison irrégulière retiendra-t-elle la femme dans la métropole ; peut-être,

---

(1) Cf. Décision ministérielle du 23 août 1884. En pratique, les condamnés de première classe sont seuls autorisés à faire venir leur famille de France. Des passages gratuits sont accordés pour la traversée à la femme et aux enfants.

— ils y auront souvent été obligés, — les enfants se seront-ils créé des moyens d'existence qui leur permettent de se passer du père et qu'ils hésiteront à abandonner.

En pratique donc ce contingent qui pourrait fournir un certain nombre de femmes énergiques et capables de travailler d'une manière efficace à l'amendement de leur mari en même temps qu'à la mise en valeur de la colonie, ce contingent, disons-nous, est absolument insignifiant.

Passons aux mariages conclus dans la colonie pénitentiaire même (1). Diverses catégories de femmes ont été offertes comme compagnes aux transportés. Il est à peine besoin de dire tout d'abord qu'ils n'ont trouvé que très rarement des filles de colons libres disposées à unir à eux leur existence. Pas plus que dans la métropole, les honnêtes gens ne tiennent en Calédonie à se mélanger à des individus tarés. C'est à peine si quelques libérés ont pu réaliser des mariages dans ces conditions.

La plupart des unions ont été conclues avec des femmes également condamnées. La loi de 1854 dispense les femmes de l'exécution aux colonies de la peine des travaux forcés qu'elles ont pu encourir. L'article 4 les

(1) Nous n'entrons pas ici dans une discussion sur le point de savoir si le mariage des condamnés est légalement possible, étant donné l'état d'interdiction légale dans lequel ils se trouvent. L'administration serait-elle obligée pour permettre le mariage de tourner la loi, qu'on ne saurait l'en blâmer.

autorise à subir leur peine dans les maisons centrales
continentales. Elles y sont soumises au même régime
que les réclusionnaires, de sorte que pour les femmes,
la réclusion et les travaux forcés sont deux peines pra-
tiquement égales. C'est à ces deux catégories de pensionnaires des maisons centrales que l'on a songé pour constituer une famille aux transportés (1). Elles peuvent, sur
leur demande et si elles présentent des garanties suffisantes de santé et de moralité, être dirigées sur les établissements pénitentiaires coloniaux où l'union avec
un forçat leur procurera la liberté. Peu de femmes demandent ce changement ; moins séduites que l'homme
par l'agrément du voyage et par l'imprévu de la vie
coloniale, elles préfèrent au grand air de la Nouvelle-
Calédonie les murs d'une maison centrale où leur existence est assurée et où elles ne se livrent qu'à un travail
peu pénible. Quelques-unes cependant se décident à
l'expatriation, celles surtout qui ont à subir une longue détention, car le mariage mettra fin à leur peine
en leur donnant la liberté. Depuis l'application de la
loi sur les récidivistes, c'est presqu'exclusivement aux
reléguées que l'on unit les condamnés.

Arrivées en Nouvelle-Calédonie les réclusionnaires
sont internées dans la maison de force et de correction

(1) On a aussi proposé l'envoi des jeunes filles détenues par voie de
correction paternelle ; mais on s'est rendu compte que l'administration
n'ayant aucune autorité sur elles, ce serait un nouvel élément de dé-
sordre qu'on introduirait en Calédonie.

habituellement appelée le « Couvent » de Bourail (1).
C'est là que les transportés viendront les chercher pour
les mener devant l'officier d'état civil. Jusqu'au moment du mariage elles subissent un régime analogue à
celui des maisons centrales qu'elles ont quittées.

Les condamnés de première classe qui ont obtenu
une concession, et les libérés peuvent seuls être autorisés à contracter mariage. Bourail où se trouve le couvent est l'agglomération de concessionnaires la plus
importante de la colonie. Les forçats qui ont manifesté
le désir de se marier sont conduits au couvent où leur
sont présentées les femmes destinées à devenir leurs
compagnes. Si à travers la grille qui les sépare un
courant de sympathie se forme entre un condamné et
une réclusionnaire, le mariage est décidé, sous réserve
de l'autorisation administrative. Les deux fiancés sont
admis à se voir pour mieux se connaître et établir les
bases de leur future union (2) ; leur entrevue a lieu
dans un kiosque dressé dans la cour du couvent, sous
la surveillance d'une sœur de St-Joseph-de-Cluny d'un
côté et d'un gardien du pénitencier de l'autre. Le mariage est facilité par l'Administration. Un décret du
26 mars 1866 a supprimé une partie des formalités qui
donnent en France plus de garantie au mariage et qui

---

(1) Les choses se passent d'une manière analogue en Guyane où le
Couvent de Bourail a pour analogue la maison de force de Saint-Lau-
rent-du-Maroni.

(2) M. Mimande (*Revue des Deux-Mondes*, 15 juillet 1893, p. 380) a
tracé de ces entrevues un très pittoresque tableau.

seraient en Nouvelle-Calédonie longues et coûteuses en
même temps qu'inutiles, étant donnée la nature toute
spéciale des unions de Bourail. Le décret du 11 novembre 1887 a fait de même pour les relégués. Les mariages sont généralement célébrés par série de dix, quinze
ou vingt. Après la célébration à la mairie et la bénédic-
tion à l'église les ménages rejoignent la concession sur
laquelle ils vont vivre désormais.

Que sont ces unions? Malgré quelques affirmations
contraires basées sur des exemples de réussite fort rares (1), malgré les assertions de quelques rapports officiels, il est à peu près établi aujourd'hui qu'elles n'ont
donné que de fort mauvais résultats. Faut-il s'en étonner et peut-on raisonnablement espérer qu'un forçat
et une réclusionnaire constitueront un ménage parfait?

L'échec de ces mariages provient fréquemment des
conditions dans lesquelles ils sont contractés. A de très
rares exceptions près la fondation d'une famille n'est
pas le véritable but poursuivi par ceux qui se montrent
disposés à devenir des maris modèles. Longtemps les
condamnés n'ont eu en vue que d'obtenir les 150 francs
auxquels avait droit le ménage au jour de la célébration. La décision ministérielle du 16 janvier 1882 sur
le régime des concessions, en outre du trousseau com-

(1) Ces exemples sont le plus souvent donnés par les mariages conclus avec des filles condamnées pour infanticide. Ce fait vient confirmer la constatation souvent faite dans la métropole, que cette classe de
criminelles constitue une élite parmi les pensionnaires des maisons centrales.

plet et des vivres pour trente mois qu'elle octroyait à la femme, accordait au mari un secours de 150 francs. Cette générosité facilitait même un calcul que pratiquaient assez fréquemment les concessionnaires. Arrivé au bout des 30 mois pendant lesquels l'administration lui avait fourni la nourriture (1), sans avoir mis en culture le terrain qui lui avait été confié, le condamné formait une demande en mariage, et l'octroi des vivres pendant 30 nouveaux mois ajouté aux 150 francs reçus en espèces lui permettait de retarder le moment où il n'aurait plus d'autres ressources que le retour au pénitencier.

Une autre pensée entre aussi souvent pour beaucoup dans la décision prise par le condamné de s'unir à une pensionnaire de Bourail. Dans des pays où la disproportion des sexes est aussi frappante que dans les colonies pénitentiaires, une femme trouve dans la prostitution une source certaine de profit. La femme, disent les concessionnaires eux-mêmes, est la meilleure des concessions. Et il faut bien reconnaître que beaucoup ne prennent une compagne que pour en tirer bénéfice.

Au surplus ces mariages sont en fait très rares, la proportion des condamnés ainsi mariés est inférieure à 5 0/0 ; ce petit nombre suffirait à lui seul à expliquer les quelques résultats favorables obtenus par l'Administration. L'expérience n'ayant porté que sur une infime

(1) Par application de la décision ministérielle du 16 janvier 1882.

minorité, il ne serait pas bien étonnant que, dans la multitude tarée des forçats, il se fût trouvé quelques individus disposés à fonder une famille.

En présence de la rareté des unions ainsi contractées, on a songé à faire appel à un troisième élément en mariant les forçats aux filles des indigènes. Il semblait même que ce dût être là une solution heureuse, puisque ces unions devaient produire des individus dont l'acclimatement serait plus rapidement obtenu. Ce système paraissait devoir convenir surtout à la Guyane où la race européenne ne se reproduit que difficilement. On pouvait espérer aussi de meilleurs résultats au point de vue de la moralité du nouveau-né, puisqu'un de ses auteurs au moins était resté honnête. Ce système n'a pu malheureusement être essayé. On s'est heurté de la part des indigènes à une répugnance invincible et c'est à peine si l'on peut citer quelques mariages contractés dans ces conditions. Il est vrai que, en Nouvelle-Calédonie tout au moins, une autre difficulté se serait produite, la disproportion des sexes étant très marquée parmi les tribus indigènes.

M. Leveillé a proposé aussi, mais sans plus de succès, l'immigration de femmes qui seraient recrutées dans celles de nos possessions coloniales où la disproportion des sexes est renversée ; mais outre que ce système tendrait à l'organisation d'une véritable traite, il serait extrêmement onéreux. Les essais qu'on en a tentés avec les algériennes, les sénégalaises ou les indo-chinoises n'ont pas été couronnés de succès ; ces divers éléments se sont montrés rebelles à l'expatriation.

Si la question des mariages n'a pu malgré des tentatives nombreuses être encore heureusement résolue, celle des enfants n'a pas non plus reçu de solution satisfaisante. Les unions des forçats et des recluses de Bourail sont, il est vrai, peu fécondes et les enfants qu'elles produisent meurent fréquemment en bas âge. Outre le changement de climat, l'alcoolisme et la débauche expliquent suffisamment ce fait pour qu'il n'y ait pas lieu de s'en étonner. Il faut cependant, si peu nombreux soient-ils, prendre quelque soin des enfants de condamnés.

Il semble qu'on devrait avant tout les éloigner de leurs parents incapables de leur donner les soins physiques que nécessite leur état et surtout les notions de morale essentielles même en Nouvelle-Calédonie. Confier à un cambrioleur de profession ou à une prostituée de grande ville l'éducation d'un enfant, n'est-ce pas vouloir faire souche de malfaiteurs ? Mais on peut soutenir d'autre part que, si on espère une réelle régénération de l'individu par la famille, ôter les enfants à leurs parents c'est supprimer l'un des éléments les plus efficaces de cette régénération.

Hésitante entre ces deux systèmes opposés, respectueuse d'ailleurs de la puissance paternelle organisée par le Code civil, l'Administration pénitentiaire s'est arrêtée à une demi-mesure. Elle a établi à Néméara, à quelques kilomètres de Bourail, une école professionnelle et agricole de garçons, et transformé en école agricole et ménagère pour les filles, un ancien blockhaus de Fonwhary. Les enfants sont reçus dans ces établissements à l'âge de 5 ou 6 ans. Sous la direction des Frères Maristes les garçons apprennent des métiers manuels et s'initient aux travaux agricoles. Les sœurs de St-Joseph-de-Cluny forment les filles pour en faire de bonnes fermières, capables d'être plus tard d'utiles compagnes pour les colons de Néméara. Dans l'une et l'autre école les enfants sont internes pendant leur séjour et restent soumis après leur sortie à une sorte de tutelle officielle. Ce souci que prend l'Administration d'empêcher le retour des enfants dans leur famille la journée une fois terminée et de conserver sur eux une action efficace après leur sortie définitive, montre le peu de confiance que lui inspirent au point de vue de l'éducation les individus que quelques notices officielles veulent bien cependant considérer comme régénérés.

Les créations de Néméara et de Fonwhary sont utiles et fructueuses ; malheureusement l'Administration s'est arrêtée en route. Elle a institué des fermes-écoles, mais elle a négligé d'obliger les pères à y envoyer leurs enfants et elle n'a pas pris soin de les forcer à les y maintenir jusqu'à l'âge d'homme. Les directeurs de ces établissements ont trouvé une résistance insurmontable chez les condamnés qui, fiers de leurs droits, ont voulu

garder leurs enfants. Ce n'est que par un subterfuge
administratif (1), dû à l'ingéniosité de M. le gouverneur
Feillet, que l'on est arrivé à retenir les pupilles jusqu'à
l'âge de 20 ans.

Ainsi malgré les tentatives de toute sorte qui ont été
faites, malgré l'essai des systèmes les plus divers, les
partisans de la transportation sont obligés de reconnaître eux-mêmes que la reconstitution de la famille n'a
pas été réalisée dans les colonies pénitentiaires. On
comprend sans peine à quels troubles donne lieu, peut-
être plus encore dans une société naissante qu'au sein
d'une nation civilisée, l'absence presque complète
d'unions prospères et fécondes. Il ne faut pas trop s'é-
tonner au surplus de cet insuccès. Si la nature parti-
culière des colons qu'elles reçoivent rend la question
de la famille plus délicate à résoudre en Guyane et en
Nouvelle-Calédonie, il faut reconnaître que le problème se pose également pour nos autres possessions
d'outre-mer ; l'absence de femmes y est aussi très caractérisée. On peut tenir pour certain que dans les colonies françaises, sauf l'Algérie et la Tunisie, il y a une

(1) *Revue pénitentiaire*, 1897, p. 652 (Communication de M. Feillet
à la Société générale des prisons). Ce subterfuge consiste à dire au
concessionnaire : on vous élèvera votre enfant gratuitement ; mais si
vous voulez le reprendre avant que nous vous le redonnions vous au-
rez à rembourser à l'Etat toutes les dépenses faites. Au bout de deux
ou trois ans le concessionnaire se trouve en face d'une carte à payer
qui l'empêche de reprendre l'enfant.

femme pour cinq ou six hommes et dans certains pays
pour dix hommes. Aussi l'Union Coloniale Française
s'est-elle occupée de la création d'une société d'émigration des femmes (1).

(1) *Quinzaine coloniale*, 25 janvier 1897.

CHAPITRE III

LES CONCESSIONS.

La propriété est, comme la famille et la paternité, un puissant moyen de relever la moralité des individus. Sans aller jusqu'à soutenir avec Courrier que pour être honnête homme il faut être propriétaire, on doit reconnaître que l'homme qui possède un lot de terre, si petit soit-il, respectera davantage la propriété d'autrui et que ce respect dénotera en lui le commencement d'une amélioration morale. Aussi comprend-on que l'accès à la propriété individuelle ait été au premier rang des faveurs offertes par l'Administration aux condamnés. En même temps qu'elle récompense ainsi leur bonne conduite et leur travail, elle les met dans des conditions qui facilitent leur amendement et tire profit de leur labeur au point de vue de la colonisation. C'est cependant dans un intérêt de régénération plus encore que dans un but économique que le système des concessions a été inauguré dans les colonies pénitentiaires.

Déterminées d'abord par les autorités locales dans l'attente du règlement d'administration publique annoncé par la loi de 1854, les conditions dans lesquelles les concessions seraient obtenues ont été fixées une

première fois par le décret du 31 août 1878 complété
par la décision ministérielle du 16 janvier 1882. Mais
ces deux règlements portant l'empreinte des idées généreuses que l'on retrouve dans le décret de 1880 sur le
régime pénitentiaire, organisaient d'une manière dan-
gereuse le système des concessions. Par la facilité avec
laquelle les terres étaient accordées, par les faveurs qui
étaient octroyées aux concessionnaires, les concessions
devenaient un moyen d'énerver la répression. Une
réaction rendue nécessaire a été opérée par le décret
du 18 janvier 1895. Œuvre, comme le décret de 1891
sur le régime disciplinaire, de la Commission permanente du régime pénitentiaire, il a eu pour but, en ren-
dant plus difficile la mise en concession, d'en faire réellement une récompense accordée aux seuls condamnés
qui ont donné des gages d'amélioration et de reclassement.

Ce n'est qu'aux libérés et aux condamnés de première
classe que la concession peut être accordée. Dans le but
d'éviter les abus qui s'étaient produits sous le régime
antérieur (1), les demandes qu'ils forment sont l'objet
d'une enquête faite par les commandants de pénitenciers qui sont appelés à donner leur avis. On exige du
concessionnaire certaines aptitudes physiques et mora-

---

(1) Les abus ont été surtout nombreux au moment où il était re-
commandé aux gouverneurs de hâter la mise en concession pour favoriser le mariage des condamnés ou la réunion avec leur famille (Cf.
Dépêche ministérielle, 24 janvier 1883).

les ; on lui demande de posséder quelques ressources : pécule pour les condamnés en cours de peine, dépôt de garantie pour les libérés. C'est une décision individuelle que le gouverneur prend au sujet de chaque demande, en conseil privé et sur la proposition du directeur de l'Administration pénitentiaire. La concession conserve toujours un caractère essentiellement personnel, le titulaire ne peut aliéner, hypothéquer ou donner à ferme le lot qu'il a reçu. Il doit lui-même y résider, le mettre en valeur et le cultiver (art. 1, 2, 14).

La concession n'est plus gratuite comme le décidait le décret de 1878 : on a renoncé pour les colons de l'Administration pénitentiaire comme pour les colons libres au principe de la gratuité. C'est là une innovation heureuse, le concessionnaire ayant plus d'attachement pour la terre qu'il a payée avec le produit de son travail que pour le lot sur lequel l'Administration l'installe un beau jour sans qu'il lui en ait rien coûté. D'ailleurs ce n'est pas un capital qu'on lui demande. Il doit payer une rente annuelle et perpétuelle dont le quantum varie entre 10 et 20 francs par hectare. Pour lui faciliter la mise en culture de la concession on ne l'astreint au paiement de la rente que deux ans après la décision d'envoi en concession. Dans le même but on lui fournit une terre défrichée pourvue d'une maison d'habitation, on lui remet les outils aratoires nécessaires ainsi que les effets de couchage et d'habillement et on lui accorde pour lui et pour sa famille six mois de vivres (1); enfin il a pendant un an droit aux soins médicaux. On lui demande en échange de mettre en rapport la moitié de la concession pendant la première année et la totalité pendant la seconde (art. 3, 7, 8, 10, 11, 15 et 30 du décret de 1895).

Les concessions sont toutes accordées, dès le début, à titre provisoire ; elles ne deviennent définitives qu'au bout de 5 ans et au plus tôt 3 ans après la libération. Le concessionnaire définitif peut à tout moment se libérer du paiement de la rente moyennant le versement du capital tel qu'il a été déterminé par la décision de mise en concession (de 400 à 600 fr. par hectare). La concession provisoire peut être retirée en cas d'inconduite, de condamnation, d'évasion et pour défaut de mise en culture ou de paiement de la rente ; elle l'est de plein droit dans certains cas. Le titulaire est alors réintégré dans le pénitencier. Le concessionnaire même provisoire reçoit la capacité civile (2) suffisante pour gérer son domaine (art. 4, 16, 21, 22 et 24).

A côté des concessions rurales l'Administration peut accorder aussi des concessions urbaines pour l'exercice

---

(1) Le décret de 1878 octroyait au concessionnaire 30 mois de vivres, mais ne lui fournissait qu'une terre nue et non défrichée.

(2) Il y a à ce point de vue une différence entre les condamnés à temps et à perpétuité ; la capacité de ces derniers est moins grande ; on les juge moins dignes d'intérêt, application nouvelle de ce principe toujours défectueux que les peines les plus longues indiquent un plus grand degré de perversité.

d'un commerce, d'une industrie ou d'un métier nécessaires aux besoins de l'agriculture. Le concessionnaire
qui réside dans un centre urbain reçoit en même temps
un lot de terre de petite étendue (10 à 20 ares) ; les
concessions agricoles beaucoup plus considérables
comprennent de 3 à 10 hectares (art. 8 et 9).

Ainsi organisé, le régime des concessions, en offrant
la mise en possession d'un lot comme une récompense
pour les condamnés les meilleurs, en faisant appel à
l'initiative individuelle, en développant l'amour du travail libre et indépendant, en facilitant la vie de famille (1), paraît devoir être un puissant moyen de régénération. Il ne semble malheureusement pas jusqu'ici
qu'il en ait été ainsi. Sans parler des résultats du système au point de vue de la colonisation, résultats que
nous aurons à apprécier dans la seconde partie de cette
étude, ceux qu'il a donnés au point de vue du reclassement sont des plus médiocres.

Pas plus en effet que l'amour de la famille pour ceux
qui demandent à contracter mariage, l'amour de la terre
n'est pour ceux qui sollicitent la mise en concession le
mobile unique ou même principal. Ce que les transportés, les condamnés en cours de peine surtout, recher-
chent dans la concession, c'est le moyen de mener une

---

(1) Le décret de 1895 contient une série de dispositions réglant le
droit du conjoint et des héritiers sur la concession et donne ainsi au
concessionnaire l'assurance que sa famille continuera après sa mort à
jouir de son domaine. C'est là un précieux stimulant.

existence plus agréable et plus libre que celle des pénitenciers. Ils demandent quelques hectares, s'installent
dans la case qui leur est accordée, touchent les effets et
instruments auxquels ils ont droit, puis se croisent les
bras, sachant que six mois durant, ils auront une nourriture assurée. Ils attendent ainsi tranquillement qu'on
prononce contre eux la déchéance et qu'on les réintègre
dans le pénitencier dont le régime ne sera pas pour eux
plus sévère qu'auparavant. Ils auront, pendant six mois,
habité une maison spacieuse et vécu dans un état de
complète liberté. Les plus avisés font semblant de travailler leur lot, donnent quelques coups de pioche au
moment du passage de la Commission d'inspection, de
manière à éviter une proposition pour la déchéance.
S'ils paraissent même y mettre une certaine bonne volonté, il ne sera pas rare qu'ils obtiennent des vivres
de l'Administration au delà des six mois réglemen-
taires.

Ceux d'ailleurs qui ne font pas ce calcul intéressé
éprouvent à réussir les plus grandes difficultés. Ils ont
souvent peu d'aptitudes pour les travaux agricoles : ce
n'est pas dans les villes ouvrières ou sur les grands
chemins que l'on s'initie aux travaux des champs. L'argent leur manque aussi. Qu'est-ce que le petit pécule
qu'ils ont pu amasser pendant leurs années de bagne ! Il faut ajouter les aléas nombreux auxquels l'agriculture est exposée dans les régions tropicales, les
cyclones, les inondations qui rendent fréquentes les

mauvaises récoltes (1). Que peut contre ces difficultés
réunies le concessionnaire isolé ? L'usurier est là qui le
guette, lui achetant ses récoltes à des prix dérisoires,
lui prêtant de l'argent à des taux invraisemblables (2),
attendant que la concession soit devenue définitive pour
l'exproprier, de sorte que la déception, le décourage-
ment et la misère attendent le concessionnaire même le
plus zélé. Ce n'est qu'à force de courage et d'énergie
que quelques individus peuvent obtenir d'heureux résultats.

Au surplus le régime des concessions n'est que rarement appliqué et les concessionnaires ne forment
qu'une petite minorité perdue dans la population du
bagne. Leur nombre sera de plus en plus restreint depuis que le décret de 1895 a rendu la concession plus
difficile à obtenir et ne l'a accordée notamment qu'aux
condamnés possédant un pécule, ceci au moment où le
décret de 1891 vient de supprimer le salaire qui était dû
aux condamnés pour leur travail. Ce n'est plus désormais que par des bons de cantine supplémentaires non
utilisés que les condamnés pourront arriver à se constituer des ressources. On voit combien il leur sera difficile de réunir les quelques louis que l'Administration
leur demande de posséder au moment de leur envoi en

(1) Un cyclone survenu en février 1898 a fait éprouver aux colons
calédoniens des dommages considérables.
(2) Bien que le taux légal en Nouvelle-Calédonie soit de 12 0/0 les
prêts sont consentis à des taux qui arrivent à 25 0/0.

concession. Aussi deux gouverneurs de nos colonies pénitentiaires, MM. Charvein et Feillet, ont-ils pu dire récemment que le décret de 1895 avait porté le dernier coup au régime de la transportation. Il est peut-être cependant préférable de ne pas abuser de ce prétendu moyen de relèvement qu'est la concession et mieux vaut garder les condamnés au pénitencier que d'être obligé de les y réintégrer après quelques mois d'absence.

CHAPITRE IV

LES LIBÉRÉS.

Nous venons d'indiquer dans les chapitres qui précèdent les moyens multiples que l'on a préconisés pour amener la régénération des criminels, et nous avons successivement exposé les effets de chacune des mesures que l'on a prises pour l'application de ces moyens. Ce sont les résultats d'ensemble que nous devons étudier maintenant et c'est dans l'exposé de la situation des libérés que nous allons les trouver. Ici, en effet, nous sommes en présence d'individus qui ont fourni l'une après l'autre toutes les étapes de la vie du bagne, marquées chacune par l'essai d'un nouveau système de correction. Ils sont arrivés au bout de la route ; la peine est finie pour eux. Si son exécution les a régénérés, si elle en a fait des êtres capables d'occuper une place honorable dans la société, elle aura atteint son but. On ne doit pas perdre de vue en effet que c'est pour les libérés qu'est faite la transportation. La peine n'est qu'un moyen, le but est la régénération complète du coupable. La question des libérés prime, en matière pénale, toutes les autres, c'est par elle qu'il faut juger les résultats d'un système correctionnel. Il est aisé d'empêcher un

B. — 5

individu de nuire pendant un temps plus ou moins long :
cela ne suffit pas ; il faut organiser la peine de telle
façon qu'au bout de ce temps le criminel soit devenu un
honnête homme. Le reclassement des libérés est, dit-
on, impossible en France, il s'opère bien plus aisément dans les colonies pénitentiaires ; c'est sur eux
que l'on compte pour « former le noyau d'une population nouvelle » (1). Nous allons voir que cet espoir
est malheureusement déçu, car si dans la métropole la
question des libérés reste un des graves problèmes de
l'heure présente, elle est pour les colonies pénitentiaires une question de vie ou de mort (2). Les libérés
sont un obstacle absolu à leur développement.

Le condamné aux travaux forcés qui a subi sa peine
et devant qui se sont ouvertes les portes du pénitencier
n'est point libre néanmoins de retourner en France. La
loi de 1854 dispose que tout condamné à plus de 8 ans
sera tenu de résider pendant toute sa vie dans la colonie.
Le condamné à moins de 8 ans ne sera tenu à la résidence
que pendant un temps égal à celui de la durée de sa
peine. C'est là la mesure que l'on appelle habituellement
le doublage, mesure qui a été vivement critiquée et dont
on demande l'abrogation. Elle multiplie en effet le nombre des libérés d'une façon inquiétante pour des pays
où l'élément libre est encore peu considérable.

(1) Bruck, *Congrès de Lisbonne*, 1897.
(2) Déjà en 1883, l'amiral Pallu de la Barrière écrivait : « La question
des libérés est la question capitale de la Nouvelle-Calédonie ; nous suc-
combons sous son étreinte. »

Que va devenir dans la colonie ce forçat désormais
libre, mais astreint à la résidence ? Il semblerait que tout
libéré dût être concessionnaire. C'est en vue de cette
classe de transportés que le régime des concessions a été
organisé. Mais combien peu de fois est réalisé l'idéal du
condamné régénéré qui a obtenu en cours de peine la
faveur de l'envoi en concession, a mis son lot en valeur,
l'a constamment cultivé, et se trouve ainsi au moment
de sa libération en possession d'un terrain dont la
culture lui assure l'existence. On a souvent constaté au
contraire que les concessionnaires quittaient leur terrain au moment même de la libération. Leur demande
de concession n'avait été qu'un prétexte pour substituer
au régime du bagne une vie plus large et plus indépendante. Leur peine aussitôt terminée, l'amour du
vagabondage les reprend ; libres désormais de briser le
lien qui les attachait jusqu'alors à la terre, ils l'abandonnent pour mener la vie d'aventure à laquelle le
bagne les avait un moment arrachés.

C'est qu'en effet l'obstacle le plus fort au reclassement des libérés est dans leur goût inné pour le vagabondage et leur répugnance pour le travail. Usé par des
excès de toute nature, découragé par la durée de sa
peine, démoralisé par la promiscuité du bagne, le condamné enfin soustrait à la discipline du pénitencier et
au travail forcé, n'a qu'un désir : vivre à l'aventure, au
jour le jour, sans se fixer nulle part, sans s'imposer
une existence régulière, sans s'astreindre à aucun tra-

vail. Le séjour des grandes villes, Cayenne ou Nouméa
lui est généralement interdit ; heureuse mesure qui
empêche dans ces centres importants l'agglomération
et l'association de ces dangereux individus. Il lui faut
cependant vivre, car l'Administration — on ne peut
lui demander de faire davantage — ne lui a remis que
ses effets d'habillement et le très faible pécule qu'il
s'est amassé pendant la durée de sa détention. Le voilà
donc errant dans les campagnes. Mais plus perverti
encore que le vagabond de France, paresseux, ivrogne
et débauché, s'il cherche du travail c'est avec l'espoir
de ne pas en trouver. Il parcourt la colonie en tous sens
demandant dans les fermes un abri et une nourriture
que l'on n'ose pas lui refuser, dérobant au besoin quelque volaille ou quelque lapin pour son repas, menant
une vie de rapine et de vol qu'il pourra, la police étant
peu nombreuse, continuer durant de longs mois. Quelquefois cependant il entre au service d'un colon qui lui
donne avec le logement et la nourriture un salaire de
30 à 60 francs par mois. Mais ce n'est là qu'un passage.
Après le paiement de quelque salaire un peu important, il s'en va chercher fortune ailleurs, et reprend
son existence de vagabond.

Lors même que les libérés auraient la volonté arrêtée
de se mettre à l'ouvrage, ils éprouveraient de nombreuses difficultés à trouver du travail (1). L'industrie et le

_____

(1) Une commission permanente de patronage a été fondée à Nouméa

commerce sont peu développés dans nos colonies pénales ; c'est le travail agricole qui est le plus abondant ;
il convient peu à des individus aussi tarés au point de
vue physique qu'au point de vue moral, que leur existence antérieure a peu préparés à la vie des champs et à
qui le séjour du bagne a enlevé le peu d'énergie qui
pouvait leur rester. Le travail qu'ils fournissent est
mauvais et le colon ne peut le rémunérer que médio-
crement, ils exigent cependant un salaire élevé (1). La
main-d'œuvre des condamnés en cours de peine, plus
stable et moins chère leur fait en outre une redoutable
concurrence. Nous verrons en effet que l'Administration
a pris l'habitude de louer aux colons libres les services
de ses condamnés ; elle accorde ses pensionnaires aux
employeurs tantôt en masse (contrats de main-d'œuvre), tantôt individuellement (assignation individuelle).
C'est là un système qui, en outre des inconvénients
multiples que nous aurons à signaler, présente celui
de donner des concurrents aux libérés qui cherchent
du travail. L'Administration ne demande en effet pour
la location des services des condamnés qu'un prix peu
élevé ; aussi, bien que leur travail soit peu rémunérateur, les colons séduits par son bon marché préfèrent-
ils cette main-d'œuvre à celle des libérés dont le travail

(Arrêté 28 déc. 1877) ; mais le nombre des libérés est trop considérable
pour qu'elle puisse rendre de grands services.

(1) En Guyane, les libérés refusent des engagements à raison de
2 fr.50 par jour, sous prétexte qu'au pénitencier ils sont logés, nourris
et habillés sans être astreints à un travail trop pénible.

ne vaut souvent guère mieux et sur qui l'on a une
action moins directe que sur les condamnés en cours
de peine. Enfin les colons préfèrent aussi aux libérés
les travailleurs tonkinois, japonais ou néo-hébridais
que quelques agences d'immigration ont amenés en
Nouvelle-Calédonie. Un rapport officiel récent signale
que l'emploi de cette catégorie de travailleurs a donné
d'excellents résultats. Les néo-hébridais sont particulièrement recherchés (1).

La situation des libérés est donc fort précaire. Quelques-uns bientôt fatigués d'une lutte à peine entreprise
rentrent d'eux-mêmes au pénitencier ; là tout au moins
ils sont sûrs de trouver le gîte et la nourriture, ils se
soumettront volontiers à un travail qu'ils savent peu
fatigant et à des règlements qu'ils connaissent peu sévères. D'autres gagnent les territoires où campent les
tribus canaques ; leur ascendant sur les indigènes n'est
pas sans danger au point de vue des révoltes qu'ils peuvent fomenter et d'autre part la disparition rapide des
races indigènes n'est pas sans corrélation avec les bois-
sons frelatées qu'ils leur procurent et l'alcoolisme qu'ils
développent. Quelques-uns, grâce à des manœuvres
douteuses conduites avec une rare habileté ou facilitées
par un hasard heureux arrivent rapidement à la fortune.
L'usure est une des professions qui amènent le plus
promptement ce résultat. Ils s'installent ensuite dans

---

(1) *Quinzaine coloniale*, 10 janvier 1898 et 10 janvier 1899, p. 27.

les centres importants où ils mènent une agréable existence : et ce n'est pas là une des classes les moins dan-
gereuses pour la régénération des individus par l'exemple déplorable qu'elle fournit du vice enrichi et
honoré.

La plupart des libérés tiennent la brousse. Ils rôdent
autour des villages de concessionnaires et vivent de
rapines et de vols. Combien nombreux sont les attentats
contre la propriété qui leur sont imputables et dont les
auteurs restent inconnus ! Beaucoup même demeurent
ignorés, les colons les constatent sans songer à porter
plainte. A côté du maraudage (1) la prostitution est un
moyen d'existence aussi inavouable, mais non moins
sûr, dans un pays où une femme peut suffire à entretenir trois individus. La vie des libérés se continue ainsi
jusqu'à ce que repris par la police pour quelque infraction plus grave, ils réintègrent après une comparu-
tion aux assises le pénitencier, où ils retrouvent leurs
compagnons et leurs habitudes ; ou bien encore jusqu'à
ce que « touchée de leurs infirmités ou de leur vieil-
lesse, l'Administration leur ouvre un dernier asile où
ils pourront mourir en paix, entretenus et soignés jusqu'aux derniers moments aux frais de cette société
dont ils ont été les adversaires irréconciliables (2) ».

---

(1) Les vols de bestiaux sont tellement nombreux qu'on a dû prendre
en 1895 un arrêté pour réglementer le marquage, la conduite et l'abatage
du bétail.

(2) Bruyant, *Étude sur la transportation*, p. 114.

Nous savons bien que ces déplorables résultats ont été contestés et que de savants criminalistes ont, dans un récent congrès (1), fait l'éloge de la transportation en montrant que le nombre des récidivistes était au bagne de 10 à 5 0/0 alors qu'il était de 40 à 50 0/0 pour les prisons continentales. Ces chiffres ne prouvent pas grand' chose : il n'y a pas de comparaison possible entre les récidivistes des bagnes et ceux des prisons continentales. La plupart des délits commis par les libérés dans les colonies pénitentiaires restent impunis alors qu'en France ils figurent presque tous sur les statistiques criminelles dont ils viennent grossir les chiffres. Au surplus les statistiques elles-mêmes sont difficiles à établir ; à tel point que l'Union Internationale de Droit pénal (2) a cru utile de chercher une organisation scientifique de la statistique des récidives, organisation qu'elle n'a pas définitivement arrêtée.

Le danger permanent que les libérés faisaient courir aux colonies pénitentiaires a d'ailleurs été reconnu tellement pressant, qu'on a dû prendre contre eux des mesures de protection et leur enlever un peu de la liberté qu'ils avaient si péniblement conquise. D'abord soumis à la juridiction et aux lois militaires (décret du 26 août 1855) et astreints seulement à l'obligation de résidence dans des conditions déterminées par les arrêtés des gouverneurs, les libérés ont été par la suite l'objet de deux

(1) A Lisbonne en 1897.
(2) Sessions de Paris, 1893, et d'Anvers, 1894.

décrets du 13 janvier 1888 et du 26 septembre 1890. En
même temps qu'ils les rendaient à nouveau justiciables
des tribunaux ordinaires, ces actes législatifs ont réglé
leur situation en les soumettant à une sorte de surveillance qui rappelle ce que fut autrefois celle de la haute
police.

Tout libéré est tenu de répondre à des appels qui ont
lieu deux fois par an, ou plus fréquemment si besoin
est, et dont le but est de constater leur présence dans
la colonie. Ils doivent se présenter au moment de l'appel aux autorités qui leur sont désignées. Ils ont un mois
pour se rendre devant elles (art. 1 et 2, D. 1888).
Le décret de 1890 a créé un moyen pratique de s'assurer que le libéré satisfait à cette obligation, en lui re-
mettant au moment de sa sortie du bagne un livret sur
lequel seront inscrits les appels successifs. L'absence
sans motif légitime à un appel est puni d'une peine
d'emprisonnement de 2 mois à un an pour le premier,
de 4 mois à 2 ans pour le second manquement. Le libéré doit résider dans la limite de la circonscription
qui lui a été désignée, il est en outre tenu de faire la
déclaration de ses changements de résidence dans la
localité qu'il quitte et dans celle où il se fixe à nouveau.

Le livret remis au libéré sert aussi au contrôle de ses
moyens d'existence, qui sont limitativement déterminés par l'article 5 du décret. Ce sont : la possession légitime de biens suffisants, la mise en valeur et l'exploi-

tation effective d'une concession régulière, l'exercice d'une profession ou d'un négoce non interdit, ou un engagement de travail pour une durée d'un mois au moins. Le libéré qui ne peut justifier d'aucun moyen d'existence d'une de ces quatre espèces est réputé vagabond et encourt les peines de l'article 271 du Code pénal. Les condamnations à l'emprisonnement prononcées contre les libérés sont exécutées sur des chantiers de travail spéciaux.

Telle est la législation actuelle des libérés dans les colonies pénitentiaires, législation que l'expérience a malheureusement déjà montrée inefficace. On voit qu'elle est marquée par un caractère très accentué de répression. On pourra peut-être s'en étonner, car elle s'applique en somme à des individus qui ont purgé leur peine et acquitté par l'expiation leur dette vis-à-vis de la société. Elle est cependant nécessaire pour arrêter dans une certaine mesure les délits et les crimes commis par les libérés. Sa nécessité, qui n'est niée par personne et que l'Administration elle-même reconnaît, montre au surplus combien sont longs les progrès de la régénération des transportés et porte ainsi en elle-même la condamnation du système.

Il existe un dernier obstacle qui s'oppose au reclassement des libérés : leur nombre, qui croît tous les jours puisque plus de 500 libérés quittent chaque année les pénitenciers, est considérable par rapport à celui des colons purs de toute condamnation. Il le dépasse même.

Comment espérer dans ces conditions une absorption de l'élément pénal par l'élément libre. D'autant plus que la méfiance des colons est encore accrue vis-à-vis de l'élément pénal par la nécessité où ils se trouvent de s'en distinguer. Si dans la métropole les libérés qui restent par comparaison avec la population libre une infime minorité n'arrivent pas à se reclasser au milieu d'elle, comment espérer obtenir aux colonies un tel résultat? Ou plutôt si la confusion s'opère ce sera par l'abaissement de la moralité de la population libre. On le remarque déjà : tel ou tel délit qui serait considéré comme très grave sur le continent apparaît comme une peccadille aux yeux des Calédoniens. Et en sens inverse un crime qui aurait été puni d'une peine légère emprunte au fait qu'il est commis par un condamné en cours de peine un caractère de gravité qui vaut à son auteur un châtiment très sévère. La population est désorientée par ces inconséquences et, si l'on n'y prend garde, son niveau moral ne tardera pas à s'abaisser.

Si donc quelques libérés ont réussi à force de persévérance et de courage à se créer une situation, s'ils sont arrivés à une certaine aisance par la culture d'une concession ou l'exercice d'une profession avouable et s'ils occupent dans la société une place honorable, il faut reconnaître que la grande masse est formée par les rôdeurs et les oisifs qui constituent à la fois une lourde charge pour l'État et un redoutable péril pour la colonie. Il faut déjà prendre contre eux des mesures de répression et on ne doit pas cacher que se sentant de plus en plus nombreux, ils prennent conscience de leur force et forment des groupements avec lesquels il faudra compter dans un avenir peut-être prochain. Enfin on ne doit pas perdre de vue qu'ils constituent à un autre point de vue un obstacle au développement de la colonie, car la perspective de vivre au milieu d'une véritable armée de vagabonds n'est pas étrangère à l'hésitation que nos nationaux manifestent à l'idée de s'expatrier en Nouvelle-Calédonie, et à la décision qu'ils prennent de se diriger plutôt vers l'Amérique du Sud. L'entrave à l'émigration libre si remarquable dans les colonies pénitentiaires peut être considérée comme une conséquence du développement du vagabondage et est par là imputable aux libérés. Au surplus ces résultats navrants ne sont pas niés par les partisans même de la transportation. « La libération, dit M. Mimande, est une lézarde énorme dans notre édifice pénitentiaire : elle en déshonore la symétrie et en compromet la solidité (1). »

On a proposé (2), il est vrai, une solution qui paraît séduisante au premier abord. Puisque les libérés sont un danger pour la colonie il faut l'en débarrasser et expédier cette classe encombrante de la société, les uns disent

---

(1) Mimande, *Bagnes d'outre-mer*, p. 686.
(2) MM. Chailley-Bert et Louis Simon, délégué de la Nouvelle-Calédonie au Conseil supérieur des colonies. *Rev. pén.*, 1899, p. 503. Cf. aussi rapport du conseiller Freund au Congrès de Lisbonne.

dans la métropole, les autres dans une colonie nouvelle.
C'est une solution en effet ; mais où se trouve alors
l'avantage de la transportation ; quelle nécessité d'expédier les criminels aux antipodes pour les enfermer
dans des pénitenciers et les faire revenir dès qu'ils sont
libres ? Si les libérés sont amendés, mieux vaut les laisser
dans la colonie : il y a du travail pour eux ; inutile de
les expédier à grands frais ailleurs. Et s'ils ne sont pas
corrigés, leur reclassement ne saurait dépendre d'un
second voyage : leur transfert sur d'autres territoires
n'aurait pour résultat que de compromettre le développement d'une nouvelle colonie ; leur retour en France
ferait perdre à la transportation le seul avantage qui ne
lui ait jamais été dénié, à savoir la sécurité qu'elle pro-
cure à la métropole.

DEUXIÈME PARTIE

DE LA COLONISATION PÉNALE

———

Nous nous sommes proposé de rechercher au cours de cette étude si la transportation avait atteint les deux buts que le législateur de 1854 lui avait assignés, amendement et reclassement des condamnés d'une part, développement des colonies pénitentiaires de l'autre. Nous avons étudié le point de vue pénal ; nous devons nous placer maintenant au point de vue économique.

Il ne faudrait pas croire d'ailleurs que ces deux buts soient aussi distincts en réalité qu'ils le sont en apparence ; en fait l'un ne pourra être atteint si l'autre est manqué. Si en effet les criminels qu'on a pris la peine de transporter au loin sont réellement corrigés et reclassés, ils pourront rendre à la colonie qui les a reçus les plus grands services et contribuer pour une part importante à son développement. Si, au contraire, cette lie de la population continentale que l'on avait espéré régénérer par l'expatriation n'a pas fait un pas dans la voie de l'amendement, elle sera pour la colonie non pas seulement une non-valeur mais même un réel danger.

C'est bien du reste ce qu'avait compris le législateur de
1854 ; M. du Mirail écrivait dans son rapport de 1853 :
« Le libéré est un colon d'autant plus utile qu'il a mieux
expié sa peine et acquitté le châtiment. »

Les deux intérêts pénitentiaire et colonial de la transportation sont donc dans la réalité intimement unis et
leur étude successive est nécessaire pour porter sur
cette peine complexe un jugement motivé. Ils ont d'ailleurs une égale importance. Certains ont prétendu, il
est vrai, que la question de la transportation n'était en
somme qu'une question de politique coloniale. Cette
peine s'adresse, ont-ils dit, à une classe de malheureux
dont on ne peut raisonnablement rien attendre et qu'on
n'a songé à soumettre à ce châtiment qu'après l'échec
successif de toutes les peines continentales ; posons
donc en principe que ces condamnés sont des incorrigibles, ne nous occupons plus de leur âme, mais utili-
sons leurs bras. « La question de la main-d'œuvre,
dit M. Jamais dans sa lettre du 12 octobre 1892 aux
membres de la Commission pénitentiaire, domine toutes les autres. » C'est là, à notre sens, une exagération.
Nous croyons au contraire que le véritable but de la
transportation est plus noble et moins utilitaire. Le
premier devoir de la société est de chercher de toutes
façons la régénération des criminels. C'est aussi le seul
moyen qu'elle ait de rendre leur travail productif, et
d'en tirer plus tard un utile parti.

CHAPITRE PREMIER

DE L'UTILISATION DE LA MAIN-D'ŒUVRE PÉNALE.

Ce qui est le plus nécessaire et qui en même temps fait le plus défaut aux colonies naissantes c'est la main-d'œuvre. Il faut des bras pour accomplir les travaux préparatoires qui ouvriront la voie à l'immigration libre et feront disparaître pour les premiers colons quelques-unes des difficultés inhérentes à la prise de possession d'une terre nouvelle : exécution de grands travaux publics et défrichement de terrains font partie de ce que les Anglais appellent *preparatory works*. Plus tard, quand la colonie se développe, il faut encore des bras pour cultiver les lots qui ont été défrichés et les mettre en plein rapport ; une main-d'œuvre bon marché est nécessaire aux immigrants. Ces divers travaux de préparation et de colonisation peuvent, avec succès pense-t-on, être proposés aux condamnés.

La législation actuellement applicable à nos colonies pénitentiaires s'inspire de ces principes. Elle est contenue dans le décret du 13 décembre 1894 qui reproduit une partie des dispositions de celui du 15 septembre 1891 qu'il a abrogé. Tous les modes d'utilisation de la main-d'œuvre pénale y sont prévus. Les condamnés peuvent être affectés à de grands travaux d'utilité publique ou de colonisation, travaux qui seront exécutés soit en régie par l'État, la colonie ou les municipalités, soit à l'entreprise par des particuliers auxquels seront cédés un certain nombre de condamnés. L'Administration peut encore *assigner* individuellement les forçats à des colons pour leurs travaux particuliers de culture. Elle peut enfin les employer directement à la mise en valeur du sol en leur accordant des concessions. Nous avons précédemment étudié le régime des concessions qui nous est plutôt apparu comme un moyen de régénération du condamné auquel il s'applique. Nous allons passer en revue les autres modes d'utilisation de la main-d'œuvre pénale.

SECTION I. — Travaux publics.

Les grands travaux publics, construction de routes, creusement de ports, édification de digues et de wharfs, assèchement de marais, semblent être le type des travaux qui peuvent être proposés ou mieux imposés aux condamnés. Ils paraissent, en effet, rentrer au premier chef dans la catégorie de ces « travaux les plus pénibles de la colonisation » auxquels la loi de 1854 destinait les transportés. Aussi le décret de 1894, après celui de 1891, prévoit-il dès le début ce mode d'utilisation de la main-d'œuvre du forçat. Bien avant ce décret d'ailleurs, sur la demande des Conseils généraux de

Cayenne et de Nouméa, l'Administration avait pris l'habitude de détacher dans ces villes un certain nombre
de condamnés qui y étaient spécialement affectés aux
travaux de la voirie et des ports.

Les travaux dont il s'agit peuvent être effectués par
l'État, le service local ou les municipalités. C'est un
arrêté du Ministre des Colonies qui détermine les ouvrages à exécuter et la durée pendant laquelle les
condamnés seront concédés dans ce but aux divers services. Les travaux entrepris pour le compte de l'État
sont considérés comme possédant à un degré plus élevé
que tous autres le caractère d'utilité générale, et leur
exécution doit être assurée la première.

La mise à la disposition des services locaux ou municipaux des pensionnaires de l'Administration semble
devoir en principe obliger ceux-ci au paiement d'une
redevance ; des difficultés se sont cependant élevées à
ce sujet, car cette question met en présence et en oppo-
sition les intérêts de la colonie et ceux de l'État. Certains prenant la défense des droits de l'État trouvent
injuste que les condamnés soient mis gratuitement à la
disposition des services coloniaux alors que l'État continue à supporter les frais de leur entretien. C'est là,
disent-ils, une véritable subvention que l'État accorde
à la colonie et cette faveur est d'autant plus injustifiée
qu'un système tout différent est appliqué dans l'exécution des peines continentales : tous les produits de la
main-d'œuvre pénale dans les prisons de la métropole

sont versés au budget des recettes de l'État sous un compte spécial (1).

D'autres au contraire soutiennent que la mise à leur disposition des condamnés sans aucune redevance, ne constitue pour les colonies qu'un faible dédommagement aux inconvénients de toute nature qui résultent pour elles de la présence des forçats sur leur territoire. Ils ajoutent que la main-d'œuvre pénale est de qualité si inférieure qu'elle doit avoir l'avantage d'un bon marché exceptionnel et même de la gratuité pour que les colons se décident à y avoir recours. Ils font remarquer que les condamnés travaillent seulement quelques heures par jour, que la moitié sinon les deux tiers est employée à faire tout autre chose que le travail principal, qu'il faut en outre organiser la surveillance et payer les gardiens. Même concédée à titre gratuit la main-d'œuvre pénale, d'après quelques-uns, revient plus cher que la main-d'œuvre libre. L'exemple prouve d'ailleurs que si l'Administration exige un prix trop élevé, elle se heurte au refus des services locaux d'employer les condamnés et en est réduite à les entretenir elle-même sur ses chantiers.

Entre ces deux tendances opposées l'Administration est restée hésitante et les décrets qui ont régi la matière ont donné satisfaction tantôt aux défenseurs des droits

(1) Cette théorie a prévalu au Congrès National Colonial réuni à Paris en 1890 : le Congrès a repoussé la mise *gratuite* à la disposition des colonies de la main-d'œuvre pénale.

de l'État, tantôt à ceux des intérêts des colonies, suivant l'influence prépondérante dans la commission chargée de leur élaboration des représentants de tel ou tel des départements intéressés. Dès le début ce fut le Ministre lui-même qui eut à résoudre la question. Malgré les protestations des colonies, deux dépêches du 15 janvier 1873 pour la Nouvelle-Calédonie et du 5 octobre 1880 pour la Guyane fixèrent à 0 fr. 50 par homme et par jour le prix que les services publics devraient verser pour les condamnés mis à leur disposition. Cette allocation a longtemps constitué un des plus importants revenus du budget sur ressources spéciales de l'Administration pénitentiaire, créé par la loi du 3 août 1875 et supprimé par décision ministérielle en mars 1892.

Le décret de 1891 pose dans l'article 5 le principe de la redevance obligatoire pour la Colonie. Mais il laisse au Ministre chargé des colonies le soin de fixer chaque année d'après le prix moyen d'entretien des condamnés le taux de l'indemnité que la colonie devra verser à l'État. Il lui donne en outre la faculté d'exonérer le service local du paiement de tout ou partie de l'indemnité, en considération de la situation spéciale des colonies pénitentiaires et en raison de la nature de certains des travaux à exécuter. En somme le décret ne résout pas la question puisqu'il laisse au Ministre intéressé le soin de décider s'il y aura lieu au paiement d'une redevance et quel en sera le taux. Il se contente de poser le principe.

Le décret de 1894 est plus formel et détermine les

bases de la fixation de la redevance. Le service employeur devra payer un franc par homme et par jour s'il
s'agit d'un service de l'État, 1 fr. 50 s'il s'agit d'un service local ou municipal (art. 6). Les frais de transport
des condamnés sur les chantiers éloignés restent en
outre à la charge de l'employeur. Avec ce décret les intérêts de l'État sont sauvegardés. Une concession est
cependant faite aux théories coloniales et par mesure
transitoire l'article 13 laisse pour cinq ans au Ministre
la faculté de réduire de 1 fr. 50 à un franc le taux de la
journée de main-d'œuvre.

Le triomphe des défenseurs des droits de l'État a été
de courte durée. Les cinq ans prévus pour la durée de
la mesure transitoire ne se sont pas écoulés et un nouveau décret en date du 30 août 1898 a rendu applicable
un autre tarif. Il est inspiré par la nécessité d'abaisser
le prix de la main-d'œuvre que les services locaux se
refusaient à employer au taux de 1891, et par le besoin
d'établir entre nos deux colonies pénitentiaires une différence justifiée par le degré très différent de leur développement et de leur prospérité. Pour les services de
l'État le prix de la journée de main-d'œuvre est fixé à
0 fr. 75 en Nouvelle-Calédonie et 0 fr. 50 en Guyane.
Les services locaux ou municipaux payeront désormais
1 franc en Nouvelle-Calédonie et 0 fr. 75 en Guyane.
La faculté est encore laissée au Ministre des Colonies
d'abaisser au taux applicable aux services de l'État les
prix exigés des services locaux. Le montant des frais

de transport sur les chantiers éloignés reste, comme par le passé, à la charge de l'employeur.

Une nouvelle expérience va donc être tentée et il faut attendre de connaître l'accueil qui sera fait par les colonies au tarif de 1898. Souhaitons que l'on ait trouvé le tarif idéal qui doit tenir la balance égale entre les intérêts opposés mis en présence. Quoi qu'il en soit, le fait seul des variations continuelles du tarif applicable montre toute la difficulté de la question à résoudre.

SECTION II. — Contrats de main-d'œuvre.

Les dispositions que nous venons d'étudier ont trait à l'exécution par l'État ou les services publics de grands travaux d'utilité générale. Mais au lieu d'effectuer lui-même et directement ces travaux le service intéressé peut en confier la construction à des particuliers qui travailleront pour son compte. Comme l'exécution en régie, l'exécution à l'entreprise est en effet autorisée par le décret de 1894.

L'entrepreneur, simple particulier, peut dans ce cas user de la faculté que nous avons vu accorder aux services publics et demander à l'Administration pénitentiaire de mettre à sa disposition un certain nombre de condamnés. Il intervient alors un de ces traités que l'on a appelés contrats de main-d'œuvre et qui ont été l'objet des critiques les plus vives.

Il nous faut tout d'abord différencier le système de

ces contrats de celui de l'assignation que nous étudierons ultérieurement. L'assignation individuelle est une mesure gracieuse prise en considération de la personne du condamné auquel elle s'applique ; elle s'adresse à un forçat particulier qui a déjà donné des gages d'amendement et que l'on récompense de sa bonne conduite en l'enlevant à la vie du bagne pour le placer comme serviteur chez un colon. Les forçats, au contraire, cédés par les contrats de main-d'œuvre, sont pris au hasard dans la masse ; tout au plus les choisit-on au point de vue physique en ne prenant que ceux qui sont utilisables par l'employeur ; le point de vue moral est complètement laissé de côté. C'est un certain nombre d'unités que l'on envoie sur le chantier d'un particulier comme on en envoie d'autres sur ceux de l'Administration.

C'est cependant le système de l'assignation prévu par la loi de 1854 qui a, par une regrettable déviation, donné naissance à celui des contrats de main-d'œuvre. Ce n'est pas en effet un des moindres inconvénients de la lenteur avec laquelle les règlements d'administration publique suivent les lois qu'ils doivent organiser, que de permettre le développement de pratiques administratives défectueuses que des décrets ultérieurs doivent souvent se contenter de sanctionner et de réglementer. L'origine des traités dont nous nous occupons se trouve dans le contrat de la Balade passé le 19 février 1878 entre l'Administration et M. Higginson, propriétaire de l'usine à sucre de Bourail. L'Administration s'était

engagée quelques années auparavant à alimenter cette
usine avec les produits des cultures faites par les condamnés et n'avait pu remplir son engagement. Par le
contrat intervenu M. Higginson lui cédait son usine et
mettait en outre à sa disposition mille hectares pour être
donnés aux libérés. En revanche il devait lui être fourni
pendant 20 ans pour être employés sur ses mines du
Diahot 300 condamnés dont il payait simplement le salaire suivant le tarif en vigueur, leur entretien restant à
la charge de l'Administration pénitentiaire. Ce contrat
était pour cette dernière un moyen de se procurer des
ressources, de se décharger d'un certain nombre de condamnés et surtout de résilier le traité antérieur qui la
liait à M. Higginson sans venir devant le Parlement
exposer sa mauvaise gestion, cause véritable de la rési-
liation.

Trouvant le procédé heureux l'Administration ne s'en
tint pas à ce premier traité ; en 1881 elle en concluait
un analogue avec la Société franco-australienne : elle
mettait pour dix ans à la disposition de cette Société de
20 à 500 condamnés. En 1887 elle va plus loin encore,
elle ne se contente pas de louer en masse les services
des condamnés à des particuliers qui les emploieront à
des travaux ayant plus ou moins le caractère de travaux
d'utilité générale, elle prend l'habitude de payer ses co-
contractants non point en argent mais en journées de
travail. C'est ainsi qu'elle achète le domaine de la Ouaménie pour 660.000 journées à répartir en 10 ans et

qu'elle traite avec M. Higginson pour l'entretien d'un service mensuel de bateaux à vapeur entre Nouméa et les Nouvelles-Hébrides au prix de 2.500.000 journées. En 1888 elle fait un pas de plus dans la voie de cette transformation des condamnés en une véritable monnaie fiduciaire ; elle autorise la rétrocession du premier contrat Higginson à la société « Le Nickel », permettant ainsi aux grands industriels calédoniens de réaliser de gros bénéfices en se passant de main en main les convicts comme des pièces d'or ou des billets de banque.

Les abus auxquels se livrait l'Administration, en donnant ainsi à l'assignation une forme nouvelle fort éloignée de la conception primitive du législateur de 1854, ne tardèrent pas à être signalés dans la presse et au Parlement (1). Mais le mal était déjà fait et le décret de 1891, sans supprimer les contrats, a dû se contenter de les réglementer et de les ramener à ce qu'ils n'auraient jamais dû cesser d'être : la location moyennant salaire et pour un temps limité des services d'un certain nombre de condamnés faite à un industriel qui entreprend des travaux d'un intérêt général. Désormais l'arrêté de concession de main-d'œuvre déterminera le travail auquel

---

(1) Cf. Interpellation de Lanessan à la Chambre des Députés (29 juin 1889). Ces contrats ont été l'objet d'une discussion approfondie au Congrès National Colonial de Paris en 1890 ; MM. Leveillé et Charles Petit les ont combattus. Une commission spéciale a été créée le 20 janvier 1894 par arrêté du Sous-Secrétaire d'État des Colonies et a reçu la mission d'étudier les diverses questions se rapportant à l'exécution de ces traités.

les condamnés seront affectés et le lieu dans lequel ils
seront employés. La durée du contrat ne peut être supérieure à 3 ans ; le nombre de condamnés mis à la disposition des particuliers ne peut excéder 200 hommes ; le
logement des condamnés et du personnel de surveillance
reste à la charge de l'employeur. Le prix de la journée
de main-d'œuvre est fixé par décision ministérielle.
Enfin, heureuse innovation, l'article 10 interdit expres-
sément toute rétrocession de main-d'œuvre.

Le décret de 1894 maintient ces sages dispositions.
Il les complète en fixant à 1 fr. 50 le prix de la journée
de main-d'œuvre.

Cette réglementation fait espérer que la période des
scandaleux abus que nous avons signalés est à jamais
close. Mais réduits même aux limites que leur imposent
les décrets de 1891 et 1894 les contrats de main-d'œuvre ne sont pas à l'abri des critiques. Et d'abord leur lé-
galité même est contestée. A vrai dire, les décrets les
autorisent. Ils n'en paraissent pas moins contraires
non seulement à l'esprit mais aussi à la lettre de la loi
de 1854. L'article 11 de cette loi admet bien que les
condamnés « qui se seront rendus dignes d'indulgence
par leur bonne conduite, leur travail et leur repentir »
pourront obtenir l'autorisation de travailler pour les habitants de la colonie. Mais il est difficile de voir là une
disposition qui permette de louer en masse à un entrepreneur les services de condamnés pris au hasard et il
n'est pas douteux que ces contrats constituent une ins-

titution nouvelle distincte de celle de l'assignation (1).
C'est cependant par l'article 11 seul que l'Administration s'est crue autorisée à passer avec les industriels les traités dont nous avons parlé, et c'est sur lui que les décrets de 1891 et 1894 ont fondé la théorie de ces contrats.

A cette critique les criminalistes en ajoutent d'autres. Le système des contrats ne laisse plus de place à l'exécution de la peine poursuivie dans le but de l'amendement du condamné ; tout disparaît devant l'intérêt de l'industriel qui se préoccupe fort peu de la régénération de ceux qu'il emploie. La répression elle-même n'est plus assurée. Il est bien vrai que l'article 24 du décret de 1894 rappelle que les condamnés demeurent soumis à tous les règlements en vigueur et prescrit au personnel chargé de la surveillance, de s'assurer non seulement que la discipline est observée, mais encore que les condamnés travaillent effectivement. En réalité les règlements ne sont appliqués que dans la mesure où ils se concilient avec ceux qu'édicte l'employeur. Celui-ci est en fait maître de l'exécution de la peine. Ce ne sont pas seulement les condamnés qui lui obéissent, ce sont aussi les surveillants. Tantôt les condamnés subiront un traitement qui n'aura plus rien de répressif, dans d'autres cas ils seront soumis à un régime

---

(1) Les décrets de 1891 et 1894 traitent dans des chapitres différents de l'emploi de la main-d'œuvre pénale par les particuliers (Chap. IV) et de l'assignation individuelle (Chap. V).

des plus pénibles. Quelle différence de vie entre les individus livrés à la Société du Nickel pour travailler dans
ses mines et les condamnés cédés par le contrat de la
Ouaménie à M. Cardozo pour être employés comme
« ouvriers d'art ». La peine ne perd pas seulement par
ce mode d'exécution le caractère d'intimidation qu'elle
doit toujours conserver, il lui manque un caractère
plus nécessaire encore : elle n'est pas égale pour tous.

C'est au point de vue colonial seul que les contrats
que nous étudions peuvent se défendre. Nous verrons
que ce système a donné dans la colonisation australienne
de bons résultats et qu'il constitue encore un des meilleurs moyens que l'on ait trouvé pour obtenir des condamnés un travail véritablement productif. Encore
peut-on soutenir que l'Administration par les cessions
qu'elle consent ainsi, fait à la main-d'œuvre des libérés
la plus désastreuse concurrence ; si les libérés éprouvent de si grandes difficultés à se procurer du travail,
la faute n'en est-elle pas à cette mise à la disposition
des industriels d'une main-d'œuvre qui a tout au moins
eu jusqu'ici l'avantage d'un extraordinaire bon marché (1). Enfin on ajoute qu'à un moment où la régie est
progressivement substituée à l'entreprise dans les prisons continentales, il est au moins étrange que les
contrats de main-d'œuvre subsistent aux colonies et

_____

(1) La plupart des contrats passés avant 1891 stipulent un prix de
main-d'œuvre très modique qui descend jusqu'à 0 fr. 50 dans un des
contrats Higginson.

l'on fait valoir à ce propos les avantages que présente le système de la régie qui, évitant la spécialisation du travail, prépare mieux le condamné à trouver des moyens d'existence au moment de sa libération, et qui paraît en outre diminuer d'une manière sensible le prix d'entretien des détenus.

Ces nombreuses critiques suffisent à montrer les dangers inhérents au système des contrats de main-d'œuvre. Il serait à souhaiter tout au moins au point de vue pénal que, se conformant aux vœux du législateur de 1854, les décrets futurs organisant les modes d'emploi de la main-d'œuvre pénale, ne fissent plus de place à celui-ci dans leurs prévisions. Les traités de ce genre sont cependant encore nombreux. D'une part, en effet, l'Administration y voit une source de revenus importants qui viennent en diminution du prix d'entretien des condamnés. D'autre part les employeurs, tous gros industriels, ont pu jusqu'ici, grâce à cette main-d'œuvre, réaliser des bénéfices considérables et rester pendant quelque temps les maîtres incontestés de la Nouvelle-Calédonie.

SECTION III. — Assignation individuelle.

Nous arrivons, avec l'étude du troisième mode d'utilisation de la main-d'œuvre pénale prévue par le décret de 1894, à l'emprunt le plus direct fait par le législateur de 1854 à l'organisation anglaise de la transportation.

Rappelons que l'assignation est l'autorisation donnée au condamné en cours de peine parvenu à la première classe de travailler chez un colon.

Elle apparaît surtout dans la législation française comme une mesure de clémence prise en faveur d'un condamné de bonne conduite, en considération de sa situation morale. Aussi aurions-nous pu l'étudier comme faisant partie du système des récompenses offertes aux condamnés en voie d'amendement, si son étude ne nous avait paru avoir mieux sa place dans l'exposé des divers modes de l'utilisation de la main-d'œuvre pénale.

C'est sur la demande des habitants que les condamnés leur sont accordés. Cette demande est accueillie, après enquête, par le Gouverneur de la colonie. L'employeur doit indiquer le nombre de condamnés dont il a besoin, la localité où il les placera, le travail spécial auquel il les destine. Il ne peut être octroyé au même habitant plus de 50 condamnés. L'assignation est consentie pour une durée qui ne peut excéder un an. Le colon doit verser au moment de la signature du contrat un cautionnement de 25 francs par assigné. L'employeur, avec lequel le contrat est passé par le Directeur de l'Administration au nom de l'assigné, doit à celui-ci la nourriture, le logement et les soins médicaux. Il est aussi tenu au paiement d'une somme mensuelle, fixée d'après un tarif approuvé par le Ministre et dont 5 parties sont faites : 2/5 sont versés à l'Administration pour

être affectés au budget des recettes, 2/5 sont destinés
à être ajoutés par ses soins au pécule du condamné,
1/5 est remis directement à l'assigné.

La réintégration du condamné peut être provoquée
par lui-même, le colon ou l'Administration. Le contrat
est résilié de plein droit à la suite du changement de
résidence ou d'emploi du condamné opéré par le patron
sans autorisation préalable. La conduite de l'assigné
ne cesse point d'être surveillée, un rapport sur son
compte est adressé chaque mois par l'employeur à
l'Administration. En outre, si le nombre d'assignés
dépasse 25, un surveillant militaire logé et nourri par
le colon est affecté à la garde des condamnés (1).

Le système de l'assignation a toujours eu les préférences des colonies. En 1892, la chambre d'agriculture
de Nouméa demandait qu'il fût largement développé.
En offrant en effet aux habitants pour un prix modique
la main-d'œuvre des condamnés de première classe
qui est la plus productive, il leur permet de réaliser
d'importantes économies. L'Administration y voit aussi
une source appréciable de revenus, en même temps
qu'elle se débarrasse du souci de l'entretien des condamnés. L'assigné enfin y trouve l'avantage d'en finir avec
la promiscuité dégradante du bagne et son existence

(1) L'article 29 du décret de 1894, autorise l'Administration à exécuter
pour le compte des particuliers des travaux temporaires tels que chargements et déchargements de navire, défrichements, récoltes et dessé-
chements. Le prix de la journée est dans ce cas fixé à 2 francs.

nouvelle le prépare mieux à la vie d'agriculteur qu'il ambitionne de mener un jour comme concessionnaire. D'autre part, si son patron est content de ses services, il pourra se l'attacher comme serviteur à gages au moment de la libération. On a cependant à maintes reprises considéré avec méfiance le système de l'assignation. Cela tient à ce qu'on l'a jugé sur la manière dont il a été appliqué en Australie d'abord par l'Angleterre, en Calédonie ensuite par l'Administration française libre encore des liens dans lesquels la maintient aujourd'hui une réglementation récente.

En Australie (1), en effet, l'assignation n'a jamais eu le caractère prépondérant de récompense que le législateur de 1854 a tenu à lui attribuer. Le convict à peine débarqué dans la colonie était remis à un colon libre qui avait dès ce moment sur lui l'autorité d'un maître. L'Administration se désintéressait d'une manière presque complète du sort du condamné. Sa situation morale lui était aussi indifférente que sa situation matérielle. Le colon devait à l'assigné la nourriture et le logement et profitait d'une manière absolue, sans contrôle et sans rémunération, du produit de son travail. Cette domesticité ressemblait à s'y méprendre à un esclavage d'autant qu'elle était obligatoire, l'assigné ne pouvant quitter le colon à qui il avait été remis. Cette transformation de l'assignation en un esclavage déguisé

---

(1) Il en fut également de même antérieurement dans les colonies anglaises de l'Amérique du Nord.

a été l'un des motifs des critiques qui ont été adressées au système.

De même dans la pratique administrative française antérieure à 1891, la faculté de louer à des particuliers les services des condamnés de manière à transformer le colon en une *utilité*, a conduit, nous l'avons vu, à l'institution des contrats de main-d'œuvre que l'on a considérés comme le véritable type de l'assignation. Nous n'avons pas à revenir sur les critiques qu'ils nous ont semblé mériter.

Un reproche d'un autre genre a été adressé au système de l'assignation. En transformant les condamnés en de véritables serviteurs à gages, il enlève, dit-on, à la peine tout caractère de répression et l'on a cité l'exemple des forçats « garçons de famille » qui arrivent à prendre dans la famille une place analogue à celle qu'y occupaient les affranchis de la Rome antique. Cette critique est à certains égards fondée ; il ne faut pas oublier cependant que les assignés étant des condamnés de première classe, la transportation a déjà produit sur eux son effet régénérateur et qu'elle a moins besoin de conserver son caractère de répression. On peut répondre, il est vrai, que l'accès à la première classe n'aura été pour quelques-uns que le résultat d'un calcul intéressé et qu'arrivés à la situation d'assignés, ils deviendront bien vite un élément dissolvant pour le foyer auquel ils seront admis. A ce sujet M. Mimande décrit en termes piquants le spectacle d'inconscient cy-

nisme que présentent certains intérieurs campagnards
de Bourail en Nouvelle-Calédonie (1).

SECTION IV. — **Emploi de la main-d'œuvre pénale dans
les colonies non pénitentiaires.**

Les décrets qui règlent les divers modes d'emploi de
la main-d'œuvre pénale ont prévu que de grands travaux publics pourraient être nécessaires à exécuter dans
des colonies autres que la Guyane et la Nouvelle-Calédonie, seules affectées jusqu'ici à l'application de la
peine des travaux forcés. Le décret de 1891 et celui de
1894 ont, dans le but de les faciliter, autorisé l'emploi
de la main-d'œuvre pénale dans les colonies non pénitentiaires.

Les condamnés sont dans ce cas organisés en sections
mobiles. Leur garde est assurée par des surveillants militaires placés sous le commandement d'un chef de
camp. Les condamnés restent ainsi soumis au même
régime que les forçats des colonies pénitentiaires. Les
travaux à exécuter et les colonies où ils doivent être effectués sont déterminés par un décret rendu sur le
rapport du Ministre des Colonies : ce sont des travaux
d'utilité générale ou de colonisation ; ils sont entrepris
pour le compte soit de l'État, soit des services locaux
ou municipaux. Dans ce dernier cas ces services doivent

(1) M. Mimande, *Revue des Deux-Mondes*, 15 juillet 1893, p. 370.

la rémunération exigée des services employeurs dans
les colonies pénitentiaires.

Ce mode d'utilisation de la main-d'œuvre pénale est
en principe l'un des meilleurs et beaucoup ont souhaité
de lui voir prendre un grand développement. Quoi de
plus naturel en effet et de plus conforme en même temps
à la loi de 1854 que d'employer à des travaux pénibles
d'une utilité générale des individus qui ont été, ne l'oublions pas, condamnés aux travaux forcés, alors que l'on
fait dans certains cas exécuter ces ouvrages par des soldats qui y laissent leur santé ou même leur vie. Ce système ne manque malheureusement pas d'inconvénients :
l'exécution des travaux entrepris revient notamment à
un prix élevé, car il faut établir dans les colonies qui
reçoivent les condamnés une surveillance assez complète. Les colonies d'autre part ne se sont pas jusqu'ici
montrées très désireuses de recourir à ce procédé et se
défient de l'emploi d'une main-d'œuvre qui est de fort
médiocre qualité. Enfin au point de vue moral l'organisation des sections mobiles ne présente aucune garantie : le relèvement du condamné est difficilement com-
patible avec la vie qu'il doit mener. Aussi ce système
ne paraît-il pas appelé à un grand avenir.

CHAPITRE II

LA GUYANE.

La Guyane est la première de nos colonies qui ait été choisie comme lieu de transportation ; elle doit donc avoir la première place dans l'étude que nous allons entreprendre des résultats de la colonisation pénale.

La Guyane française est cette contrée égale en super-ficie à la moitié de la France qui se trouve située dans le continent Sud-Américain au nord du Brésil. Baignée par l'Océan Atlantique elle s'étend du Maroni qui la sépare à l'ouest de la Guyane hollandaise, à l'Oyapock qui lui sert à l'est de limite avec le Brésil ou plutôt avec un territoire dont la possession mal déterminée par le traité d'Utrecht est contestée entre la France et le Brésil (1). On y rencontre deux régions bien distinctes : c'est d'abord une bande de terre large de plus de 50 kilomètres, recouverte d'une luxuriante végétation, mais

(1) L'article 8 du traité fixait la limite entre le Portugal et la France à la rivière Japoc ou Vincent-Pinçon. La France prétend que cette rivière est la rivière Araouary, le Brésil soutient que c'est l'Oyapock. Les deux pays ont accepté l'arbitrage de la République helvétique et une commission spéciale a été nommée qui prépare la solution de ce diffé-rend.

absolument plate et immergée durant une partie de
l'année ; c'est la région des Terres-Basses. Les Terres-
Hautes s'étendent au delà, s'élevant par trois gradins
successifs jusqu'à la chaîne des monts Tumuc-Humac.
Caractérisée par un climat humide et chaud la Guyane
a toujours passé pour malsaine et les Européens
éprouvent à s'y acclimater les plus grandes difficultés.
Son sol est cependant riche et se prête aux cultures
tropicales telles que celles du cacao, du café, du girofle.
Ajoutons que de très nombreux gisements d'or se ren-
contrent sur les hauts plateaux.

Depuis plus de 200 ans qu'elle appartient à la France,
les systèmes les plus divers de colonisation ont été
tentés en Guyane. On doit avouer qu'aucun n'y a réussi,
et cette constatation est d'autant plus surprenante et
douloureuse que les Guyanes voisines qui se trouvent
cependant dans les mêmes conditions, ont sous l'influence de la Hollande et de l'Angleterre rapidement
atteint un degré élevé de développement. Après les ex-
péditions de nombreux aventuriers, diverses Compagnies échouèrent misérablement en Guyane. La colonisation officielle parut y réussir au XVIIe siècle et le
pays dut à Colbert un moment de prospérité. Mais peu
après, l'expérience du duc de Choiseul coûta près de
15.000 hommes et une trentaine de millions ensevelis
sur la plage de Kourou. Après avoir subi le contrecoup
des troubles de la Révolution et reçu à Sinnamari un
certain nombre de ses victimes que la mort décima

rapidement, la Guyane passa sous la domination des
Portugais qui l'occupèrent de 1809 à 1817. Reprise par
la France, elle était plus languissante que jamais au
lendemain de la crise de 1848 déterminée par l'abolition
subite de l'esclavage, quand on crut trouver dans la colonisation pénale un remède aux maux nombreux dont
elle souffrait. C'est au mois de mars 1852 que le premier
convoi de condamnés, composé de bagnards qui avaient
volontairement accepté leur expatriation, s'embarquait
pour la Guyane. La loi de 1854 vint peu après faire de
la transportation le mode normal d'exécution de la
peine des travaux forcés. Il faut malheureusement reconnaître que c'est sans esprit de suite que, dès le
début, la transportation fut introduite en Guyane et
qu'elle y a été appliquée depuis.

Déposés à leur arrivée en Guyane dans les trois îles
du Salut (Iles Royale, St-Joseph, du Diable), un des
points les plus salubres et surtout des plus faciles à
garder de la colonie, les forçats furent d'abord employés
à la confection des objets nécessaires à la transportation, puis envoyés sur les divers points du territoire
pour y cultiver la terre. C'est à cette époque que remonte l'établissement de pénitenciers nombreux que
l'Administration faisait bâtir par les condamnés et
qu'elle abandonnait aussitôt qu'édifiés à cause de leur
insalubrité. Les rives de l'Oyapock et de la Comté, celles
du Maroni et quelques îles près de la côte virent successivement s'élever des bâtiments destinés aux trans-

portés. Aucun ne prospéra. La Montagne-d'Argent, St-
Georges, Ste-Marie et St-Augustin, St-Louis, Spa-
rouine, La Trinité furent occupés puis évacués. La
mortalité y décimait rapidement les convicts et y attei-
gnait d'effroyables proportions (63 0/0 en 1856 à la Montagne-d'Argent). Il faut ajouter les inconvénients qui
résultaient du nombre trop considérable des pénitenciers : l'isolement des transportés par petits groupes ne
va pas sans une administration fort coûteuse. Les gouverneurs changent les emplacements avec la plus grande
facilité : tandis que le gouverneur Sarda-Garriga va au
nord, l'amiral Fourichon se dirige vers le sud. Ce n'est
pas dans le choix seul des emplacements que l'Administration manque de constance, c'est aussi dans celui
des travaux imposés aux condamnés. Dans un centre
on plante du café, dans un autre de la canne à sucre,
plus loin on exploite les forêts, ailleurs on confectionne
des briques. On ne laisse même pas aux cultures le
temps de se développer, on abandonne le camp dès
qu'il y meurt trop de monde, ce qui n'empêche pas d'y
installer à nouveau les condamnés quelques années
plus tard ; on ne se rend pas compte que ces travaux
perpétuels de défrichement sont la cause même de cette
effroyable mortalité.

Le Gouvernement prend cependant une mesure ra-
dicale pour éviter ces pertes considérables de condamnés. En 1867 il renonce à diriger sur la Guyane les
condamnés européens ; il la réserve aux Arabes qu'il

pense devoir s'acclimater plus rapidement et lutter
avec plus de succès contre l'anémie, la dysenterie, le
paludisme et la fièvre jaune qui fauchent les Européens.
Mais les Arabes et les Annamites manquent d'énergie
dans la lutte et surtout d'esprit d'initiative. Ils sont paresseux, se contentent de peu, et ne demandent qu'à
vivre au jour le jour. On ne peut compter sur eux pour
créer une colonie ; ils seront volontiers ouvriers agricoles ou manœuvres, mais rien de plus. Aussi la cessa-
tion des envois de condamnés de race blanche coïncide-
t-elle avec l'abandon des quelques centres du Maroni
qui prospéraient à cette époque, Ste-Anne, St-Pierre,
St-Jean et Ste-Marguerite. St-Maurice et St-Laurent
furent seuls conservés. A la suite de cet échec une décision ministérielle du 4 mai 1887 a prescrit de diriger
à nouveau sur la Guyane les Européens, ceux au moins
condamnés à plus de 8 ans de travaux forcés.

Entre temps et après un dernier essai fait à Kourou
dont l'établissement fut évacué en 1875, l'Administration pénitentiaire s'était installée sur la rive droite du
Maroni et tous ses efforts avaient tendu à créer là un
centre agricole. Cette région constitue encore le noyau
le plus important de la colonisation pénale. On a cependant relevé en 1884 le pénitencier de Kourou et en 1890
celui de la Montagne-d'Argent. Ces trois centres forment avec Cayenne et les Iles du Salut, affectées depuis
la loi du 9 février 1895 à la déportation dans une

enceinte fortifiée, le domaine pénitentiaire de la
Guyane (1).

Telles sont les phases successives par lesquelles a
passé la colonisation pénale en Guyane. L'expérience
est longue de près d'un demi-siècle ; recherchons quels
en sont les résultats actuellement visibles.

Au point de vue des travaux publics, on doit les avouer
à peu près nuls. Tout était à faire en Guyane quand y
débarqua le premier convoi de condamnés ; la situation
n'a pas beaucoup changé depuis. L'absence presque
totale de moyens de communication caractérise le pays ;
quelques chemins en partie dus aux concessionnaires,
réunissent entre eux les villages les plus importants du
Maroni ; un réseau de routes, dû au colonel Loubert,
dessert dans l'île de Cayenne les environs de la capitale.
Mais les pénitenciers sont isolés les uns des autres ;
aucune voie ne les relie entre eux. Une ligne télégraphique seulement met en communication Cayenne et St-
Laurent du Maroni. Elle a 300 kilomètres et a été achevée en 1883.

Quant aux chemins de fer, il en existe une seule ligne
construite de 1891 à 1893 par les relégués pour réunir
St-Laurent et St-Maurice, distants d'environ 20 kilomètres. Il a été récemment question de la création d'une
voie ferrée qui desservirait les placers. Son développe-

_____

(1) La population actuelle de la Guyane comprend : 3.400 transportés, 2.500 libérés, 3.500 colons libres et 25.000 indigènes.

ment serait d'environ 350 kilomètres ; elle réunirait
Cayenne aux territoires aurifères et faciliterait le commerce de l'or qui se fait actuellement sur le Maroni par
pirogues à un prix élevé.

L'absence de monuments publics est aussi complète
que celle de routes. « L'aspect extérieur de l'Administration pénitentiaire à la Guyane, dit un ancien gouverneur de la colonie (1), est lamentable. Partout des établissements en ruines, des constructions délabrées.
Rien de ce qui est indispensable pour l'application de la
loi. Depuis des années les millions improductifs se per-
dent dans le gouffre, sans que le chef de cet important
service ait pu même se faire construire un hôtel pour
lui et pour ses bureaux... Tous les bâtiments, casernes,
hôpitaux, magasins, prisons, édifiés à l'origine avec des
matériaux de qualité inférieure, demandent impérieu-
sement à être reconstruits. Le régime des eaux potables
est encore primitif et au nom de l'hygiène réclame des
améliorations. »

Actuellement, comme Cayenne manque d'hommes
de corvée libres, on emploie les condamnés du pénitencier au nettoyage et à l'entretien des rues, au battelage
et au chalandage de la rade et aux travaux de voirie et
de canalisation dans la banlieue. Le Gouvernement,
l'Artillerie, les Ponts et Chaussées utilisent un certain
nombre de condamnés. De même aussi les habitants.

(1) Cf. Communication de M. Charvein à la Société générale des Prisons (*Revue pénitentiaire*, 1896, p. 193 et 197).

Enfin à l'île de St-Joseph quelques condamnés étaient en
1895 occupés à la construction d'une prison cellulaire.
Il est cependant question à l'heure actuelle d'entreprendre des travaux pour l'édification de quais et de magasins.

Au point de vue agricole les résultats ne sont pas
plus encourageants. Le déplacement perpétuel des pénitenciers a longtemps été un obstacle absolu à la réussite de toute entreprise d'agriculture. L'Administration
manquait en tout d'esprit de suite, essayait successivement les cultures les plus diverses, désespérant
aussitôt de leur réussite, les abandonnait rapidement,
allant même jusqu'à les détruire (1). Le Maroni, occupé
en 1852, puis de nouveau en 1857, est aujourd'hui le
seul établissement agricole réellement important de la
Guyane. Le chef-lieu en est St-Laurent qui a été érigé
le 16 mars 1880 en commune pénitentiaire. Les concessionnaires, assez nombreux mais tous Arabes, cultivent
surtout la canne à sucre ; une usine a été installée à
St-Maurice pour utiliser les produits de leurs récoltes.
Ce n'est malheureusement pas là une culture de beaucoup d'avenir, étant donné la surproduction du sucre
dans les pays européens qui cultivent la betterave et où
l'industrie sucrière est surtout devenue une industrie

(1) L'exemple des caféiers de St-Louis du Maroni est typique : l'Administration, sitôt après les avoir plantés et ne les voyant pas immédiatement réussir, décida de les couper ; les arbres résistant et repoussant,
elle donna l'ordre de les brûler. Malgré cela il en existe encore quelques pieds.

d'exportation. Près de la côte, au village des Hattes, on élève du bétail, mais on a dû auparavant y constituer à l'aide de l'herbe du Para des prairies artificielles, les prairies naturelles n'y existant pas. L'industrie pastorale paraît convenir à la Guyane ; au siècle dernier elle y fut un moment assez développée. Elle n'est cependant pas florissante à l'heure actuelle, les animaux meurent de cachexie paludéenne, et la natalité reste faible. M. Charvein a essayé de remédier à cet état de choses en améliorant l'alimentation du bétail ; il s'est malheureusement heurté à l'ignorance, à la routine et au mauvais vouloir des habitants.

A Kourou on a planté également de l'herbe du Para pour élever du bétail. On produit aussi du cacao et du café. La culture de ces plantes arborescentes est particulièrement heureuse en Guyane ; en évitant le bouleversement annuel de la terre, elle permet moins que d'autres le développement des germes morbides contenus dans le sol. Le café est aussi cultivé à la Montagne-d'Argent : l'Administration s'est décidée à réoccuper cet établissement, à la suite de la tentative heureuse d'un colon à qui elle l'avait loué en 1881 et qui y avait essayé une plantation de caféiers dont il retirait de beaux bénéfices.

Pour ce qui est des forêts les rapports officiels constatent qu'elles occupent la presque totalité du territoire de la relégation, mais ne peuvent être exploitées que dans une zone restreinte à cause de la difficulté des

communications, les routes ne comprenant qu'une longueur d'environ six kilomètres.

Tels sont les résultats que l'Administration pénitentiaire peut offrir en Guyane au visiteur ; ils sont mini-
mes. La Guyane n'est aujourd'hui qu'un pays de production de l'or. Sur les 3.765.439 francs de marchan-
dises exportées dans le 2e semestre de 1897, l'or natif
entre pour 3.543.898 francs (1). L'Administration a
négligé deux des choses les plus essentielles dans ce
pays : l'assèchement des marais et l'exploitation des
forêts. Au point de vue des travaux publics, aucun ne
présente en Guyane un caractère d'utilité aussi marqué
que l'assèchement des marais ; Malouet en avait déjà
en 1776 reconnu la nécessité. Au lieu de les combler,
ce qui oblige à remuer la terre et met à l'air les miasmes
qu'elle contient, il aurait fallu les égouter à l'aide de
canaux qui déversent les eaux dans les fleuves, de digues et de vannes automobiles qui en empêchent le
retour. Ce système de dessèchement qui est celui des
polders de Hollande a été essayé par M. Charvein à St-
Jean du Maroni avec le plus grand succès. « Jamais
centre de colonisation ne fut plus mal choisi ; jamais
la malaria ne fit plus de victimes. Les débuts de l'installation furent un désastre. Lorsqu'en 1893 je pris
possession du gouvernement de la Guyane, les décès
étaient d'une soixantaine par mois. Immédiatement je

(1) Le contesté franco-brésilien entre pour près de la moitié dans la
production de l'or en Guyane.

fis entreprendre des travaux de dessèchement et 6 mois
après les pertes mensuelles se trouvaient réduites à 5
ou 6. C'est là une économie de 600 vies humaines par
an (1). »

Au point de vue agricole, l'exploitation des forêts
qui contiennent des essences précieuses en quantité
considérable aurait pu être entreprise avec succès et
donner lieu au développement d'un grand nombre d'in-
dustries. Or on constate, non sans surprise, que la
Guyane a exporté dans le 2ᵉ semestre de 1897 seulement
pour 46.580 francs de denrées provenant des exploitations forestières (essence de bois de rose ...). Il existe
notamment en Guyane un arbre, le balata, qui donne
une gomme analogue à la gutta-percha, gomme qui
pourrait avoir un débouché considérable dans l'industrie électrique. Une autre plante, le maho, pourrait être
employée avec succès à la fabrication des cordages.
Enfin l'exploitation du caoutchouc qui réussit en Guyane
pourrait y donner des bénéfices.

Mais nous ne voulons pas dresser ici un plan d'ensemble pour la colonisation de la Guyane ; en même temps
qu'extrêmement délicate, cette question est complètement étrangère à notre sujet. Nous voulons seulement
constater que jusqu'ici le travail des condamnés a été
gaspillé et n'a rien produit. Que l'on impute la minimité
de ces résultats au climat de la Guyane qui rend difficile

(1) Charvein, *loc. cit.*

toute entreprise de colonisation (1), que l'on en fasse
grief aux changements perpétuels de gouverneurs et
au manque d'unité de vues qui en résulte, il n'en reste
pas moins que la colonisation pénale qui devait sauver
la Guyane n'a pas fait faire un pas à son développement
et n'a point amené sa prospérité. Nous ne croyons pas
que l'on puisse, après 47 ans d'expérience, contester
cet échec.

(1) Il semblerait cependant que les Européens finissent par s'acclimater en Guyane : la mortalité des relégués y a sensiblement diminué depuis quelques années. Ce résultat paraît dû au développement qu'on a
donné aux travaux d'assainissement.

CHAPITRE III

Si la Guyane est, au point de vue de l'ancienneté, la première de nos colonies pénitentiaires, la Nouvelle-Calédonie l'est certainement au point de vue de l'importance. C'est là que l'on peut étudier avec le plus de profit les résultats de l'utilisation de la main-d'œuvre pénale ; c'est là que les divers systèmes que nous avons précédemment exposés ont été expérimentés avec le plus d'ampleur. Au point de vue économique, il est une autre considération qui rend cette étude particulièrement profitable. Si en Guyane on tentait après tant d'autres un nouvel essai en dirigeant sur les Iles du Salut les condamnés aux travaux forcés, en Calédonie, c'est à un pays neuf que l'on allait avoir affaire, à une île que l'on venait d'acquérir surtout en vue d'y créer un établissement pénitentiaire. L'expérience que l'on faisait était de savoir si la colonisation pénale pouvait fonder une colonie prospère. L'exemple de l'Australie était, disait-on, en faveur de l'affirmative. La Calédonie se trouvait, toutes proportions gardées, dans des conditions analogues sinon absolument semblables : même situation géographique, même climat favorable

B. — 8

à l'acclimatation des Européens, mêmes cultures possibles. Aussi est-ce avec une foi absolue que, dès 1864, on commença à diriger sur Nouméa des convois de condamnés. Nous allons chercher ce qu'ont produit, au point de vue du développement et de la prospérité de la Nouvelle-Calédonie, les 20,000 condamnés environ qu'elle a reçus depuis 35 ans.

Nous n'avons pas besoin de rappeler ici que la Nouvelle-Calédonie est cette île à la forme d'ellipse allongée ou de long fuseau, longue de 400 kilomètres et d'une largeur moyenne de 50, qui, formant la plus grande des îles de l'archipel calédonien, se trouve au milieu du Pacifique, à mi-chemin entre l'Australie et la Nouvelle-Zélande. Dotée d'un climat particulièrement sain et favorable à l'acclimatation des Européens et d'un sol qui se prête en même temps à la plupart des cultures européennes et à quelques-unes de celles des tropiques, possédant avec de nombreuses forêts de riches gisements de chrome, de cobalt, de nickel, de cuivre, de fer, de plomb argentifère et même d'or, arrosée par de nombreux cours d'eau, la Nouvelle-Calédonie semblait devoir arriver rapidement à un degré élevé de prospérité. Découverte par Cook en 1774 et explorée dans la première moitié de ce siècle par des missionnaires français, la Grande-Ile était, le 24 septembre 1853, annexée à la France par l'amiral Février-Despointes. L'année suivante le capitaine de vaisseau Tardy de Montravel en achevait la prise de possession et s'emparait de l'Ile des

Pins. En 1860, la Nouvelle-Calédonie était érigée en colonie et dotée d'un gouverneur (1).

L'Administration pénitentiaire, qui y fut installée dès le début, employa à la construction de ses propres bâtiments la main-d'œuvre des condamnés : pénitenciers, logements des gardiens et des fonctionnaires, ateliers, magasins pour les vivres et le matériel. Elle montrait au premier jour de son installation dans l'île canaque qu'elle entendait s'y créer une situation aussi indépendante que possible et rendre très lâches les liens qui l'attachaient soit au gouvernement de la Métropole, soit aux autorités locales. Ce but que l'Administration n'a jamais perdu de vue, et qui a amené en Calédonie la création d'un véritable État dans l'État, est une des causes les moins indéniables de l'arrêt qu'a subi le développement de la colonie. « Développer outre mesure les rouages administratifs pour employer le forçat à faire mouvoir ces rouages en quelque sorte à vide, multiplier les bâtisses administratives et employer le forçat à les construire ou à les réparer, tel a été trop souvent le système pratiqué en Calédonie (2). »

A cette première époque, remonte avec la fondation de Nouméa, choisi comme chef-lieu à cause de la sécu-

---

(1) D'après des documents récents, la population de la Nouvelle-Calédonie se décomposerait ainsi : indigènes 43.000 ; population transportée 11.000 ; population libre 9.000 dont 4.000 libérés.

(2) Bernard, *L'Archipel de la Nouvelle-Calédonie*, p. 405.

rité de son port, la construction des nombreux pénitenciers qui entourent cette ville : Montravel, île Nou,
presqu'île Ducos. Ces pénitenciers — surtout le plus
important, l'île Nou « berceau de l'Administration pénitentiaire en Calédonie » — contiennent une série de
magnifiques bâtisses, casernes, magasins, ateliers,
fermes, hôpital, prison, qui ont été édifiées à grands
frais et qui n'ont souvent produit que ce simple résultat : de faire subir la peine des travaux forcés à l'île
Nou dans des conditions semblables à celles dans lesquelles elle s'exécutait aux bagnes de Toulon, Brest ou
Rochefort.

Une fois installée et pourvue de tous les bâtiments
nécessaires à son existence et à son fonctionnement,
l'Administration n'ayant plus rien à faire construire à
ses pensionnaires, songea à les utiliser pour la mise en
valeur du sol calédonien. Mais oubliant que son but
devait être avant tout d'ouvrir la voie par des travaux
de préparation à la colonisation libre, c'est par elle-
même et à l'aide de ses condamnés qu'elle voulut agir.
On peut prévoir aisément ce que devait donner comme
résultats l'agriculture officielle avec des fonctionnaires
coloniaux comme directeurs et des condamnés comme
manœuvres. A ces conditions défavorables, il faut
ajouter le manque d'unité de vues des gouverneurs
coloniaux, les uns, comme M. de la Richerie, affectant
les condamnés comme travailleurs aux colons, les autres, comme l'amiral de Pritzbuer et le capitaine de

vaisseau Pallu de la Barrière, donnant une vive impulsion aux travaux publics et à la confection des routes,
d'autres réservant toutes leurs préférences à la colonisation officielle, d'autres enfin, comme le capitaine de
vaisseau Olry, obligés avant tout de réprimer des in-
surrections.

Cette période est celle de l'établissement des fermes
agricoles. On en élève un peu partout : la première à
Yahoué, à quelques kilomètres de Nouméa, ensuite à
Koé-Nemba, Uaraï-Fonwhary, au Diahot, puis à
Pouembout, à l'île Nou, à Canala. Dans ces fermes
quatre cinquièmes à peine des condamnés s'occupent
des travaux de culture, les autres sont écrivains, garçons, cochers, jardiniers ; les non-valeurs sont nombreuses. Cependant un décret de 1884 attribue à l'Administration pénitentiaire 100.000 hectares pris dans
les meilleurs terrains de l'île. Les cultures les plus
diverses sont tour à tour essayées: canne à sucre, café,
vigne, tabac, légumes, élevage du bétail. Mais les essais
tentés pour être nombreux n'en sont pas plus satisfaisants. C'est en vain que par des artifices de comptabilité
on porte au budget des recettes des sommes relativement importantes ; les fermes coûtent dix fois plus
qu'elles ne rapportent, elles exigent un nombre considérable de fonctionnaires, directeurs, surveillants,
agents de culture ; c'est à tel point que quelques-unes
ont été longtemps conservées uniquement pour utiliser
une partie de ce personnel. La colonisation officielle

n'a rien produit; elle n'a même pas réalisé le but
qu'elle semblait devoir atteindre, à savoir la déter-
mination des cultures à recommander par la suite aux
colons. On ne se livre dans les fermes qu'aux cultures
connues, on n'y poursuit aucune expérience avec persévérance. La préparation des condamnés à la vie
agricole n'est point obtenue. Les concessionnaires nombreux à ce moment-là, mais choisis sans garantie, re-
tombent rapidement à la charge de l'Administration ;
ils abandonnent les terres qu'ils ont à peine essayé de
cultiver et qui retournent bientôt en friche. Malgré ses
efforts l'Administration est bien obligée de reconnaître
l'échec des fermes agricoles et de renoncer à ce système.
« On a voulu par là diminuer les frais de la transportation, on n'y a pas réussi et on a détourné la main-
d'œuvre pénale de son véritable objet : les travaux publics (1). »

Au régime des fermes agricoles, liquidées d'ailleurs
avec des pertes considérables, succède celui des contrats de main-d'œuvre. L'entreprise remplace ainsi la
régie. C'est l'insuccès de la ferme de Bourail, la plus
prospère cependant et la plus importante des fermes
agricoles, qui amène le premier contrat de main-d'œuvre. Nous avons déjà vu que, pour résilier sans bruit le
contrat par lequel elle s'était engagée à alimenter avec
les produits de Bourail l'usine à sucre de Bakouya,
l'Administration acquiert cette usine moyennant la

(1) Bernard, *loc. cit.*, p. 410.

cession à son propriétaire de 300 condamnés. A partir
de ce moment, les contrats se multiplient, ils interviennent avec MM. Higginson, Cardozo, la Société du
Nickel et la Société franco-australienne. Nous avons
déjà, en exposant le système de ces contrats, indiqué
les critiques qui leur avaient été justement adressées
au point de vue pénal. Ils se défendraient mieux au point
de vue économique ; c'est en somme là un moyen d'utiliser avec profit la main-d'œuvre pénale. Mais ces contrats sont intervenus dans des conditions telles qu'il
est difficile aujourd'hui de remonter le courant et de
conclure en leur faveur. A la suite de la désapprobation
générale qu'ils ont rencontrée, leur application a été
réduite. Beaucoup de condamnés sont cependant employés encore au titre des contrats de main-d'œuvre,
notamment dans les mines.

Après l'échec successif des divers systèmes qu'elle a
essayés, l'Administration se trouve à l'heure actuelle
dans le plus grand embarras. Elle est maintenant liée
par les décrets qui ont réglementé la main-d'œuvre pénale et par ceux qui ont modifié à nouveau le régime
des concessions. Les colonies refusent d'employer les
condamnés pour lesquels la redevance à payer n'est pas
proportionnée à la valeur réelle du travail fourni. D'autre part les garanties nouvelles que les décrets récents
exigent pour la mise en concession, réduiront pour
l'avenir dans une large mesure le nombre des concessionnaires. Les contrats de main-d'œuvre sont aussi

moins fréquents depuis leur nouvelle réglementation, et l'exemple de celui de la Balade résilié sans indemnité n'est pas pour encourager les entrepreneurs. De sorte que l'Administration ne sachant que faire de ses prisonniers, ayant suffisamment de bâtisses pour n'en plus construire, en est arrivée à employer les condamnés à des besognes inutiles, et « à leur faire exécuter des ouvrages de luxe, alors qu'il manque tant de choses essentielles »(1). Le gouverneur de la Nouvelle Calédonie prévoit que, dans un avenir prochain, on sera obligé de demander des crédits pour faire travailler les condamnés dans les pénitenciers. Est-ce là ce qu'avait voulu le législateur de 1854 et n'est-ce point une condamnation sans appel de la transportation ? Car enfin si c'est pour faire subir la peine des travaux forcés aux antipodes dans les mêmes conditions qu'en France, on peut se demander s'il est utile de dépenser des centaines de francs pour y envoyer les condamnés.

Il est triste de constater, à côté de cela, que l'essentiel manque en Nouvelle-Calédonie et que, depuis 35 ans, on y transporte des condamnés sans que rien en dehors des bâtiments y révèle leur présence et y soit le produit de leur travail. Au point de vue des travaux publics les résultats sont lamentables. Malgré toutes les affirmations qu'une Administration intéressée à dé-

(1) Cf. Communication Feillet à la Société générale des prisons, 17 mars 1897 (*Rev. pén.*, 1897).

fendre son œuvre peut formuler en sens contraire(1),
il est certain que la Nouvelle-Calédonie n'est pas pourvue de routes comme elle devrait l'être. Il en existe à
peine 180 kilomètres entre Nouméa et Bourail, sur lesquels 66, un peu plus du tiers, ont été construits par les
condamnés. En dehors de cela il n'y a que des sentiers
muletiers (environ 600 kil.). Il faut ajouter que le kilomètre de route revient à 60.000 francs et le kilomètre
de sentier à 20.000 francs. Ce prix s'explique peut-être
par la lenteur avec laquelle travaille l'Administration,
obligée de commencer toujours par la construction d'un
camp et de n'employer au travail réel qu'à peine le tiers
de ses ouvriers, mais il n'en paraît pas moins fort exa-
géré pour des chemins où les travaux d'art sont rares,
qui sont mal construits et mal empierrés, et qui s'effon-
drent souvent sous le poids des chargements.

Quant à Nouméa, si la ville est entourée de corps de
bâtiments aussi nombreux que solidement construits,
elle ne possède rien de ce qui est nécessaire à la prospérité d'un chef-lieu de colonie et au développement
d'un port de commerce. Les places et les rues sont des
cloaques ; la voirie n'existe pas ; il n'y a ni égouts, ni
promenades, ni monuments publics. C'est seulement en
1892 qu'a été achevée la conduite d'eau de la Dumbéa (2)

(1) Cf. dans le *Journal officiel* un rapport du gouverneur de la Nouvelle-Calédonie sur l'administration pénitentiaire en 1891, indiquant
notamment que les travaux d'utilité publique sont pourvus au delà de
leurs besoins (*Rev. pén.*, 1891, p. 899).

(2) Cette canalisation a été effectuée à l'aide de la main-d'œuvre ca-

d'une longueur de 20 kilomètres qui donne à Nouméa l'eau qui lui est nécessaire ; jusqu'à cette date il n'existait qu'une canalisation insuffisante entre le Pont-des-Français et la capitale. Les quais ne sont qu'à l'état embryonnaire, les docks manquent, il n'y a ni bassin de radoub, ni wharf, ni ateliers de construction ou même de réparation, ce qui rend les navires de la Nouvelle-Calédonie tributaires à ce point de vue de Sydney. Ajoutons qu'on ne songe point à remédier à cette situation véritablement désastreuse, on n'entreprend rien ; on se contente d'envoyer de l'île Nou quelques condamnés qui fournissent les corvées de la ville ; et cependant Nouméa, dont le port est large et sûr, pourrait en même temps qu'une grande ville, constituer pour notre côte du Pacifique, le meilleur des points d'appui (1) et il ne serait pas présomptueux de rêver pour elle le merveilleux développement qu'a pris sa voisine Sydney.

Jusqu'ici malheureusement on a agi sans méthode : on est allé au hasard, suivant les nécessités de l'heure présente, nécessités d'un intérêt médiocre ou passager. L'établissement d'un plan d'ensemble des travaux publics à effectuer, plan comprenant une certaine durée, mûrement étudié par l'Administration et délibéré de concert avec les représentants de l'industrie, du com-

naque, à laquelle un entrepreneur australien a fait pour la première fois produire d'heureux résultats.

(1) Nouméa a été désigné comme point d'appui de la flotte par décret du 4 octobre 1898.

merce et de l'agriculture, s'impose absolument : une
commission récemment nommée par M. Feillet, a reçu
mission de dresser ce programme. Elle a dans sa première réunion reconnu l'utilité de la construction d'un
bassin de radoub, d'un wharf et d'une drague pour le port
de Nouméa (1).

Au point de vue agricole, nous avons déjà vu ce qu'a
donné la colonisation pénale. Le centre le plus important de la colonie est Bourail. C'est là que se trouvent
en plus grand nombre les concessionnaires qui cultivent des lots de 4 à 5 hectares. Ils sont malheureusement pour la plupart paresseux, inactifs et complètement ignorants des choses de l'agriculture. Aussi beau
coup voient-ils leur œuvre frappée d'insuccès. C'est à
tel point que la Nouvelle-Calédonie que l'on pourrait
espérer voir se suffire à elle-même, a reçu en 1897 près
de 2.000 têtes de bétail de l'Australie, et pour plus de
17.000 livres sterling de blé, farine ou pommes de
terre ; l'ensemble des vivres frais achetés par la Nouvelle-Calédonie à l'Australie dépasse 2 millions par
an (2).

Après l'échec de l'usine à sucre de Bakouya on
a renoncé en partie à la culture de la canne qu'on a
remplacée par celle du café. Cette dernière est rémuné-

---

(1) *Quinzaine coloniale*, 25 décembre 1897. La Compagnie des Mes-
sageries Maritimes a offert depuis, de se charger sous certaines conditions de la construction du wharf.

(2) Rapport de M. Biard d'Aunet, consul général de France à Sydney. *Quinzaine coloniale*, 10 novembre 1898.

ratrice et convient particulièrement au sol de la Nouvelle-Calédonie (1). Elle demande malheureusement
un temps assez long pour être productrice et une avance
de fonds que ne possèdent généralement pas les concessionnaires. Ceux-ci sont obligés de diviser leurs lots
en deux parties, l'une affectée à la culture du café,
l'autre à celle de produits d'un rendement immédiat.
Le poivrier, la vanille et le caoutchouc peuvent aussi
donner de bons résultats. Mais ce sont encore le maïs
et le haricot qui occupent le plus d'hectares de terrains
cultivés. L'élevage est depuis quelque temps prospère
et peut être pour les colons une source importante de
revenus. Une fabrique de conserves de viandes fonctionne
à l'heure actuelle ; en 1898 il a été exporté 686.655 ki-
logs de conserves.

A côté des exploitations agricoles, les exploitations
minières, surtout de nickel, de chrome et de cobalt,
emploient un certain nombre de condamnés. Cette occupation qui rappelle la condamnation *ad metalla*, paraît une des plus en harmonie avec la loi de 1854 ; la
surveillance est en outre assez facile et la discipline des
bagnes peut s'appliquer aisément. De plus, l'exploitation des mines qui sont une des principales richesses
de la Nouvelle-Calédonie, fournit en même temps à

---

(1) L'exportation des cafés suit une progression constante. De
32.000 kilog. en 1890, elle est passée à 212.596 kilog. en 1896. Quand
les centres créés seront en plein rapport la production annuelle atteindra
400.000 kilog. soit 1.500.000 francs.

la métropole un métal précieux dont les emplois se
multiplient chaque jour. Les forçats ont assuré sur les
concessions minières l'extraction du minerai, impossible peut-être avec la cherté de la main-d'œuvre libre et
c'est là que, somme toute, leur travail a donné les meilleurs résultats. Après avoir subi une crise, cette industrie paraît aujourd'hui avoir repris son essor. Au point
de vue économique, on peut ajouter que les exploitations minières, conduites le plus souvent par des hommes d'initiative et de progrès, ont beaucoup fait pour
le développement de la Nouvelle-Calédonie. C'est sur
l'une d'elles, à Port-Nepouï, qu'a été inauguré en 1897
le premier chemin de fer calédonien allant du wharf de
la mer à la station de Nepouï. Enfin les hauts-fourneaux
dont l'installation est, paraît-il, prochaine, permettront
à la Calédonie de lutter contre l'organisation de l'industrie du nickel au Canada.

Après l'exposé que nous venons de faire de la situation actuelle de la Nouvelle-Calédonie, nous sommes
amené à conclure que la colonisation pénale a été
impuissante à faire de cette île une colonie prospère.
Personne, d'ailleurs, ne songe aujourd'hui à nier cet
échec ; les partisans les plus convaincus de la transportation se contentent d'en rechercher les causes. Il est,
ajoutons-le, d'autant plus probant que l'Administration
n'a été gênée par personne, qu'elle a été libre d'agir à
sa guise, qu'aucun plan ne lui était imposé, qu'elle
avait à sa disposition la main-d'œuvre, c'est-à-dire la

seule chose qui manquât à l'île canaque pour devenir
la plus prospère de nos possessions d'outre-mer. Si
encore la colonisation pénale n'avait subi qu'un échec
en Calédonie, ce ne serait que demi-mal. Ce qu'il y a
de plus regrettable, c'est qu'elle a empêché la colonisation libre d'y réussir. Les Européens disposés à
émigrer se sont peu souciés jusqu'ici, malgré les avantages qu'offrait le climat de la Nouvelle-Calédonie, de se
rendre dans cette île ; la présence des condamnés les en
a empêchés ; car ceux-ci leur faisaient, au point de vue
de la main-d'œuvre, une redoutable concurrence, et se
trouvaient en outre avoir droit, de par la volonté de
l'Administration, aux terrains les plus productifs de
l'île (1). Le nombre considérable des libérés et le danger permanent que leur vie de vagabondage et de rapines faisait courir à l'élément libre, a éloigné aussi dans
une certaine mesure les émigrants. On ne saurait pré-
tendre que leurs hésitations n'étaient pas fondées.

Aussi la transportation semble-t-elle avoir fait son
temps en Nouvelle-Calédonie. On a fini par se rendre
à cette évidence que la France ne possède pas un nombre suffisant de colonies favorables au développement
de la race européenne pour continuer à sacrifier la plus
belle d'entre elles à une expérience tentée par des phi-

(1) Les colons libres se sont en effet trouvés jusqu'à ces derniers
temps dans un état d'infériorité réel vis-à-vis des concessionnaires. C'est
à tel point que certains en ont été réduits à aller travailler chez des
condamnés.

losophes et des criminalistes. Sous la vigoureuse impulsion du gouverneur actuel, M. Feillet, aidé dans sa généreuse initiative par l'Union coloniale française, et soutenu par la population calédonienne (1), l'émigration libre a pris un nouvel essor. La Nouvelle-Calédonie en ressent déjà les heureux résultats, l'œuvre du « peuplement sain de la colonie » porte ses fruits ; des centres nouveaux se sont créés et prospèrent : La Foa, Moindou, Ponérihouen (2), Voh, Saraméa ; environ 110 kilomètres de routes ont été tracés pour les réunir ; la construction du premier tronçon d'une ligne de chemin de fer de Nouméa à Bourail a été décidée. L'Administration pénitentiaire a vu son étoile pâlir ; après le décret du 10 avril 1897 qui instituait un nouveau régime domanial, un décret du 6 octobre 1897 est venu lui retirer pour être affectés aux colons libres 42.000 des 110.000 hectares que celui de 1884 lui avait affectés.

La Nouvelle-Calédonie du reste proteste avec vigueur contre la transportation et le mouvement que nous observerons comme s'étant produit dans l'histoire de la colonisation australienne au commencement de ce siècle, y prend un large développement. Il faut bien se

(1) De récents scrutins (4 et 11 sept. 1898) ont fait arriver au Conseil général de la Nouvelle-Calédonie 17 conseillers sur 19, entièrement favorables au programme de M. Feillet.

(2) Un syndicat agricole a été constitué dans ce dernier centre en 1897. Le nombre des hectares concédés était en 1897 de 8.830, cultivés par 171 familles et réunissant 610.000 pieds de café. Au mois de mai 1898 on comptait 285 familles d'émigrants dont 29 seulement étaient reparties.

rendre compte en effet que, même mesure excellente, la transportation reste toujours une question de dose ; la dose est atteinte et depuis longtemps même dépassée pour la Nouvelle-Calédonie. Aussi est-ce aux applaudissements de la Chambre qu'en 1894 le Ministre des Colonies (1) a pu dire que : « la plaie des bagnes ne souillerait bientôt plus de sa gangrène un des plus beaux pays du monde ». Malheureusement les ministres changent et des questions plus brûlantes que celles de la transportation passionnent le Parlement ; c'est ce qui explique que malgré les promesses de M. Delcassé et de ses successeurs (2) et bien qu'en fait les envois en Calédonie aient été suspendus depuis 18 mois, cette colonie soit encore légalement le lieu d'exécution de la peine des travaux forcés.

(1) Réponse de M. Delcassé, ministre des Colonies, à l'interpellation de Douville-Maillefeu, Chambre des députés, 27 novembre 1894.

(2) Suivant les promesses faites à M. Feillet en 1897, l'Administration pénitentiaire devait évacuer tous les centres qu'elle occupe sauf La Foa, Bourail et provisoirement la baie de Prony et l'île des Pins. *Quinzaine coloniale*, 10 septembre 1897.

TROISIÈME PARTIE

LÉGISLATION COMPARÉE

————

Nous venons d'exposer comment est organisée la transportation dans notre pays et nous avons indiqué les résultats qu'elle a donnés au double point de vue pénitentiaire et colonial. Nous n'avons pas caché qu'ils sont fort peu encourageants. Mais, dira-t-on peut-être, cet insuccès tient à la manière dont la transportation a été appliquée dans la législation française et non pas à la nature même de cette peine. Et l'on s'étendra avec complaisance sur l'exemple de l'Angleterre et du développement aussi rapide qu'inespéré de l'Australie dont on attribue la prospérité à la présence des convicts. L'étude des législations étrangères est donc indispensable pour nous permettre de porter sur le principe même de la transportation un jugement impartial et motivé.

Avec l'expérience anglaise qui est close, nous aurons à étudier la législation russe, la Russie étant actuellement le seul pays en dehors du nôtre qui fasse de la transportation une large application. Nous aurons aussi à dire quelques mots de l'organisation de cette peine en Espagne et en Portugal et des discussions qui se sont produites à son sujet en Allemagne et en Italie.

CHAPITRE PREMIER

Bien que le principe de la déportation se trouve posé dans divers décrets qui remontent aux règnes d'Elisabeth et de Jacques Ier, et que les premiers essais de cette peine se placent vers 1619, ce n'est qu'avec le bill de 1718 que la transportation anglaise prit réellement naissance. L'Amérique du Nord fut choisie comme lieu d'exil pour les individus condamnés à plus de 3 années de prison ; c'est principalement vers le Maryland qu'ils furent dirigés. Mais de cette première application de la transportation faite par l'Angleterre, il n'y a aucun enseignement à tirer, pas plus au point de vue pénitentiaire qu'au point de vue colonial. Cet essai paraît avoir rapidement dégénéré en une véritable traite des blancs ; le Gouvernement se désintéressait du sort des condamnés que les armateurs chargés du transport vendaient dès leur arrivée comme esclaves aux planteurs américains. Bientôt d'ailleurs les envois de convicts durent être interrompus devant les récriminations élevées par les colonies, récriminations qui furent un des prétextes de la guerre de l'Indépendance. En 1774, l'Angleterre renonçait à expédier au Maryland ses criminels et ses vagabonds.

L'Amérique lui étant fermée, le cabinet de St-James,
qui n'avait pas de prisons suffisantes pour contenir les
2.000 individus qu'on envoyait annuellement de l'autre
côté de l'Océan, dut se mettre en quête d'un nouveau
lieu de transportation. L'Australie fut choisie et en 1788
le commodore Philipp arrivait à Botany-Bay avec un
premier convoi de condamnés. Trouvant défectueuses
les conditions d'installation sur ce point de la côte il
levait l'ancre et allait à Port-Jackson jeter les bases de
la ville qui devait devenir Sydney.

Les premières années d'occupation, pendant lesquelles les convicts furent le seul élément européen présent
sur le sol australien, furent des plus rudes. Des difficultés de toute nature vinrent s'ajouter à celles que le
gouverneur éprouvait déjà à soumettre aux travaux de
construction des habitations, et de défrichement des
terres, des individus dont l'existence s'était passée jusque là dans les faubourgs des grandes villes du Royaume-
Uni. La maladie fit parmi eux de grands ravages et le
naufrage du *Guardian* qui apportait des vivres à la colonie naissante laissa les convicts pendant deux ans
privés de tout secours de la métropole. La famine sévit
à l'état périodique pendant ces premières années, et il
fallut toute l'énergie du commodore Philipp pour que
la transportation ne sombrât pas à ce moment.

Bientôt cependant le Gouvernement faisait appel à
la colonisation libre en offrant aux officiers et soldats de
l'armée britannique des concessions de terrain. Les

immigrants commencèrent à prendre le chemin de
Sydney : ils affluèrent surtout quand on leur promit la
cession à bas prix de la main-d'œuvre des convicts.
C'est à ce moment (1810) que commence réellement le
développement de la colonie C'est de cette époque que
date le merveilleux essor qui devait faire de l'Australie
une des plus riches colonies anglaises.

En présence de cet afflux d'immigrants libres le gouverneur Macquarie sut habilement tirer parti du travail
des condamnés. Au lieu de chercher, comme on l'avait
essayé au début, à faire de ceux-ci des colons, il en af-
fecta la plus grande partie à la construction de travaux
publics d'utilité générale ; le travail venait (1823) d'être
rendu obligatoire pour les condamnés que jusque là la
seule crainte de mourir de faim avait poussés à cultiver
la terre. Des routes furent construites, des travaux de
défrichement entrepris : Sydney s'éleva alors avec son
port, ses quais, ses monuments publics. Les forçats qui
n'étaient pas employés à ces travaux furent donnés en
assignement aux colons, leur procurant ainsi dès leur
arrivée en Australie la main-d'œuvre qui leur était nécessaire.

La peine que subissent les convicts se divise à cette
époque en deux périodes : pendant le temps d'expiation
ils sont soumis à un régime sévère et employés aux travaux publics les plus pénibles ; ils les exécutent le plus
souvent sous la direction de particuliers à qui le Gouvernement les remet en concession. Au bout de 6 à 8 ans

les convicts qui se conduisent bien reçoivent des *tickets of leave* qui leur procurent une exemption conditionnelle de la peine c'est-à-dire des travaux forcés (1). Le porteur du ticket est obligé de se chercher une occupation chez les particuliers, il doit résider dans le cercle qui lui est assigné et peut se voir retirer le ticket pour cause d'inconduite. Quant aux condamnés qui arrivent à l'expiration de leur peine des concessions leur sont accordées en même temps que la liberté, mais avec la menace de réintégration au cas où ils ne se suffiraient pas à eux-mêmes.

A la faveur de cette organisation le système des assignements se développa rapidement et prit une importance considérable, surtout après le départ du gouverneur Macquarie et la clôture de la période d'exécution des travaux publics. Bientôt 30.000 convicts furent ainsi employés. Il faut regretter qu'ils aient été à cette époque remis aux employeurs sans qu'on exigeât de ceux-ci des garanties suffisantes.

Pour si heureux que fussent les résultats de cette organisation, elle ne devait cependant pas durer. Il semble que ce soit un vice inhérent à la transportation de ne pouvoir jamais trouver sa forme définitive. Tout mode d'application de cette peine emporte avec lui de tels inconvénients qu'il faut bientôt y renoncer. Ceux que présente au plus haut degré la transportation anglaise

(1) Foinitsky et Bonet-Maury, *Transportation russe et anglaise*, p. 71.

à cette époque sont le manque absolu de moralisation
dans la peine et la délivrance trop facile et sans garantie
du *ticket of leave*. La conséquence en fut le rapide développement du vagabondage qui devint pour la colonie
un réel danger. Les libérés sont de plus en plus nombreux, leur immoralité est révoltante, l'alcoolisme favorisé par les classes riches qui y trouvent une source
de gains aussi rapide que sûre fait d'incroyables ravages. Des bandes d'anciens convicts parcourent les grands
chemins ; c'est un véritable brigandage qui s'institue ;
les libérés, se sentant nombreux et forts, vont, en Tasmanie, jusqu'à s'emparer d'une ville. A Sydney même,
ils veulent faire la loi. Devant les désordres qu'ils occa-
sionnent et l'insécurité croissante qui en résulte pour
les colons libres, ceux-ci commencent à élever des
plaintes ; ils sont devenus plus nombreux et les gouverneurs doivent compter avec leurs protestations.

En même temps, et par une coïncidence heureuse
pour l'Australie, les hommes politiques de l'Angleterre
les plus versés dans le droit pénal, commencent à s'a-
percevoir que la transportation telle qu'elle est appliquée est un moyen d'écarter le problème pénitentiaire
mais non de le résoudre. La criminalité se développe
dans de grandes proportions ; on voit de pauvres gens
commettre des crimes sans aucun intérêt, uniquement
pour obtenir leur transfert en Australie. La commission
parlementaire nommée en 1831 est obligée de reconnaître elle-même que l'on doit plutôt « considérer la trans-

portation comme un privilège que comme une peine et
que le système pénal actuellement en vigueur est absolument incapable de corriger les criminels ou de prévenir
de nouveaux délits ». Des pénitenciers se construisent
suivant le système d'Auburn et l'on sent que la transportation touche à sa fin.

Un certain courant cependant se manifeste en Australie hostile à la suppression de la transportation.
Quelques colons craignent de voir la main-d'œuvre leur
manquer. Mais bientôt la colonie comprend ses véritables intérêts et une *League of Transportation* se forme
pour empêcher l'expédition des convicts que l'Angleterre veut reprendre après quelques années d'interruption. Attaquée par les criminalistes anglais et repoussée
par les Australiens, la transportation ne pouvait sub-
sister : en 1840 sa suppression était décidée pour la
Nouvelle-Galles du Sud.

Elle dura quelques années encore en Tasmanie, mais
les dangers qu'elle avait présentés pour les colons australiens prirent dans cette île un caractère de gravité
plus accentué à cause de la faiblesse numérique de la
population totale. Il était impossible de procurer du
travail à tous les convicts. Suspendue d'abord pour
deux ans (1847-48) (1), la transportation disparut de
Tasmanie en 1853 sur les instances des nombreux im-

---

(1) Pendant ce temps les condamnés furent occupés dans les ports
anglais : ils rendirent de grands services à Portsmouth, à Portland et
dans les arsenaux de Chatham et Wolwich.

migrants libres que la découverte de l'or attirait dans
cette île.

Successivement chassée de la Nouvelle-Galles du Sud
et de la Tasmanie, la transportation ne s'appliqua plus
alors que dans l'Australie occidentale, occupée en 1826
pour des raisons politiques par le gouvernement de
St-James. Cette région de la grande île, beaucoup
moins riche et moins favorisée que la côte orientale,
resta longtemps peu prospère. En 1850, la main-d'œuvre pénale réclamée par les colons et refusée par les
Australiens de l'Est y fut introduite ; mais la transportation n'y produisit pas les heureux résultats qu'on était
en droit d'en attendre : cela tient à ce que l'immigration
libre y fut beaucoup moins importante qu'ailleurs : les
convicts ne trouvant aucune ressource dans le pays s'or-
ganisèrent en bandes et prirent le chemin de l'Est, attirés par les richesses de la Nouvelle-Galles du Sud.
Devant le danger qu'ils constituaient pour celle-ci, le
Gouvernement dut, en 1865, renoncer à leur expatriation. En 1870, le dernier convoi de forçats quittait
l'Angleterre : la transportation anglaise avait vécu.

Telle est rapidement esquissée l'histoire de la transportation anglaise en Australie. Ce qui la caractérise au
point de vue pénal, c'est le manque absolu d'intimidation et de répression, et au point de vue économique le
large développement donné au système des assignements.

Rien dans l'organisation de la transportation en Aus-

tralie n'est prévu pour amener la régénération des condamnés. Le convict est une unité, une chose dont il faut
tirer le meilleur parti possible ; son avenir moral est
complètement abandonné. La promiscuité révoltante
dans laquelle s'effectue le voyage, le manque d'influence
moralisatrice à l'arrivée, le rétablissement déguisé de
l'esclavage laissant le maître libre de l'exécution de la
peine, tout cela ne peut qu'augmenter la démoralisation
déjà grande des condamnés. Par ailleurs la manière
dont se subit la peine ne cause aucune frayeur aux criminels : bien au contraire elle exerce un attrait sur les
natures faibles de la métropole. De sorte que les résultats au point de vue pénal de l'application de ce système
sont l'augmentation de la récidive dans la métropole,
l'immoralité croissante des condamnés dans les colonies (1).

Quant au régime de l'assignation, nous avons déjà dit
tout ce qu'il avait de choquant au point de vue pénal.
Au point de vue économique, nous devons reconnaître
que ses résultats directs ont été heureux en Australie.
Les colons ont su tirer le meilleur parti de cette main-
d'œuvre et ont obtenu des condamnés un travail productif. Ils ont été, il est vrai, favorisés par la manière
dont l'assignement a été organisé : c'est un esclavage
temporaire qui laisse à l'employeur les pouvoirs les plus
absolus. Les règlements sur la matière n'interviennent

(1) Cette immoralité a nécessité l'application en Australie d'un régime
pénal particulièrement sévère.

que fort tard, de sorte que dégagé de la tutelle de l'Administration, le maître peut chercher uniquement son
intérêt, c'est-à-dire traiter l'assigné de manière à obtenir de lui le plus de travail possible.

Il faut bien remarquer en outre qu'au cours de ses
essais de transportation, l'Angleterre n'a jamais cessé
de pratiquer la déplorable politique du débarras. Qu'elle
ait transporté ses criminels au Maryland ou en Australie,
elle s'est toujours désintéressée de leur sort ; de même
elle ne s'est jamais occupée d'utiliser leur travail à la
fondation d'une colonie. Le seul but qu'elle ait jamais
poursuivi a été de débarrasser son sol d'une lie dange-
reuse. Si d'aventure la Nouvelle-Galles du Sud a acquis
un rapide développement, la cause n'en est pas aux convois de forçats qu'elle a reçus. La légende de l'Australie colonisée par les convicts a fait son temps. Tant que
les criminels de Sir Philipp ont été seuls dans l'île, son
développement a été nul ; ce qui a fait sa prospérité,
c'est l'immigration libre. Que les immigrants aient été
attirés par la promesse qu'on leur livrerait des convicts
comme assignés, cela n'est pas contestable. Mais d'autres raisons les ont déterminés à prendre le chemin de
Sydney. Ce furent d'abord les heureux résultats donnés
par l'élevage des moutons d'Australie qui, trouvés d'a-
bord à l'état sauvage, puis domestiqués, ont fait de
l'Australie un des premiers pays du monde pour la production de la laine et de la viande. Ce fut plus tard la
découverte de l'or qui attira vers l'Australie une foule

d'habitants du Royaume-Uni. Le succès fut en outre favorisé par le climat de l'Australie éminemment propice à l'extension de la race blanche et par la fertilité de son sol qui se prête aux cultures européennes.

Tout ce que prouve l'exemple de la transportation anglaise, c'est que la colonisation pénale peut préparer les voies à la colonisation libre : elle peut commencer à mettre en valeur le pays, défricher les terres, édifier des travaux publics. Mais ce travail de préparation terminé, la transportation n'a plus qu'à plier bagage et à aller faire connaître et mettre en valeur de nouvelles colonies. Elle ne peut qu'à titre exceptionnel coexister avec la colonisation libre.

Nous devons signaler comme se rattachant à l'expérience anglaise, les essais de colonisation pénale qui ont été faits aux îles Andaman. Ces îles reçoivent depuis plus d'un siècle les criminels de l'Hindoustan et une organisation pénitentiaire complète y existe depuis 1871. Soumis d'abord au régime de l'emprisonnement cellulaire, les condamnés voient leur condition s'améliorer progressivement ; le travail est toujours obligatoire ; mais la discipline, très rigoureuse au début, va en s'adoucissant. Au bout de dix ans, le transporté recouvre une espèce de liberté conditionnelle ; il est autorisé à se loger à son gré, à vivre en famille et à vaquer à ses occupations. Il ne peut qu'après un séjour de 15 ou 20 ans, suivant les cas, retourner aux Indes. Ce système donne, paraît-il, les meilleurs résultats ; sur 12.000 individus, transportés à Port-Blair, 500 seulement seraient considérés comme incorrigibles ; le reste serait en voie d'amendement (1).

(1) *Economiste français*, 8 avril 1899.

CHAPITRE II

Parmi les grandes nations européennes la Russie et l'Angleterre sont avec la France les seules qui aient fait à la transportation une large place dans leur législation pénale, et lui aient donné une durable et solide organisation. Mais tandis que l'Angleterre a de bonne heure, après une expérience relativement courte, renoncé à expatrier ses condamnés, la Russie continue au contraire de nos jours à appliquer cette peine à d'assez nombreuses catégories de délinquants. La transportation russe nous fournit donc un exemple actuel. Sa comparaison avec l'organisation des travaux forcés dans notre pays est, par un autre côté, particulièrement instructive. Alors que le gouvernement anglais n'a jamais eu comme but que l'exclusion du criminel du territoire britannique, les souverains russes ont dès le début vu dans cette expatriation un moyen d'arriver au peuplement et au développement des contrées les plus lointaines de leur vaste empire. Si la Russie a ignoré le côté pénitentiaire de la peine qu'elle organisait, au moins en a-t-elle compris l'intérêt économique et colonial. Il est donc utile de rechercher si elle a rencontré

les mêmes obstacles que la France et si elle a obtenu
d'aussi médiocres résultats.

La transportation existe en Russie depuis plus de
trois siècles. Elle remonte à un oukase de 1582 et a été
appliquée depuis sans interruption quoique dans des
lieux différents. Les établissements de la transportation
se sont en effet déplacés en suivant une marche continue de l'ouest vers l'est. Exilés d'abord près de Nijni-
Novgorod, les transportés le sont aujourd'hui en dehors
même des frontières de la Sibérie, à l'île de Sakhaline,
après avoir passé par Pelim, Toboltsk, Tomsk et Ir-
koutsk.

Les individus auxquels s'est appliquée cette peine ont
également varié. Au XVIᵉ siècle, ce furent des prisonniers de guerre que l'on exila : petits-russiens, lithua-
niens, polonais, allemands. On y joignit même les habitants des territoires conquis qui furent déportés par
mesure de sûreté. Dès cette époque, la transportation
fut aussi accordée comme une faveur aux condamnés à
la peine de mort. Ce dernier élément prit au XVIIᵉ siècle
plus d'importance : les lois nouvelles appliquèrent la
transportation à certains délits. Depuis, les déportés
politiques sont venus se mêler aux criminels dans les
convois qui prenaient le chemin de la Sibérie.

Dans la première période, que les criminalistes russes appellent la période moscovite, la transportation ne
fut point organisée comme une peine : il ne pouvait en
être autrement, étant données les catégories diverses

d'individus auxquels elle s'appliquait. La préoccupation dominante fut celle de la colonisation. Travaux
publics utiles à l'État, travaux de défrichement ou de
labourage furent imposés aux déportés. D'heureux résultats furent obtenus cependant, dus au niveau moral
assez élevé des déportés parmi lesquels les criminels
de profession se trouvaient en petit nombre, et dus
aussi à l'existence d'un important courant d'immigrants
libres qui absorbait l'élément pénal (1). « En contri-
buant à la sûreté de la métropole, la transportation
moscovite étendait les limites de l'État, fortifiait la domination russe dans les confins et enrichissait le Tré-
sor » (2).

A partir de Pierre le Grand les destinées de la transportation furent moins brillantes. Sous l'influence des
idées répandues par les criminalistes étrangers, l'application de cette peine subit un temps d'arrêt : des bagnes furent construits et les condamnés employés en
Russie même à d'importants travaux publics : édification de St-Pétersbourg, constructions de forteresses,
exploitations minières. Mais la nécessité de se débarrasser d'un plus grand nombre de criminels depuis l'a-

---

(1) Ce courant qui a toujours existé a facilité dans une large mesure
la colonisation de la Sibérie. Il n'a d'ailleurs pas disparu ; plus de
100.000 Russes prennent chaque année le chemin de la Sibérie ; et
200 familles ont demandé à profiter des tarifs réduits consentis aux
immigrants sur le tronçon du Transsibérien récemment ouvert à l'exploitation (Moscou-Tomsk).

(2) Foinitski, *loc. cit.*, p. 160.

bolition de la peine de mort, et le besoin de peupler les
frontières récemment conquises firent maintenir la
transportation. Elle subsista, mais fut appliquée sans
direction et des abus graves s'introduisirent. Aucune
sélection ne s'opérait entre les condamnés, beaucoup
de non-valeurs étaient expédiées en Sibérie augmentant
le nombre déjà considérable des vagabonds. Les condamnés mal disciplinés causaient des troubles graves et
commettaient des crimes nombreux. Enfin les gouverneurs trop éloignés pour être surveillés, se laissaient
aller dans la répartition des condamnés et l'organisation de leur travail aux plus scandaleuses pratiques. La
transportation est en outre infligée sans mesure. Ce ne
sont pas seulement des condamnés qu'on enferme dans
les bagnes de la métropole ou qu'on expédie sur les
frontières : des soldats, des débiteurs insolvables, des
serfs, des déportés politiques, sont mêlés en grand
nombre aux criminels de droit commun.

Une réforme devint nécessaire ; elle s'accomplit vers
1820 et aboutit au règlement de 1822, œuvre du comte
Speranski qui avait été longtemps gouverneur général
de la Sibérie. L'administration sibérienne fut réorgani-
sée et rattachée par un lien plus étroit au pouvoir cen-
tral. Le comte Speranski cherche d'ailleurs à appliquer
aux seuls criminels la peine de la transportation. Il
pense y trouver pour eux un moyen de régénération en
même temps qu'il y voit pour l'État un puissant moyen
de colonisation. Deux peines distinctes fonctionnent

désormais : transportation avec travaux forcés et transportation simple. Les condamnés sont répartis en diverses classes suivant leurs aptitudes et leur valeur morale et affectés les uns aux travaux des usines dans les villes, les autres à la construction des forteresses, d'autres à l'exploitation des mines.

Malgré ces réformes, la transportation sibérienne ne se releva pas, le règlement trop théorique du comte Speranski ne reçut jamais de complète application. La colonisation officielle ne réussit pas non plus : les essais faits en 1807 et 1829 de création artificielle de villages échouent misérablement, les centres ainsi peuplés dans le bassin du Yénisséi deviennent des repaires de brigands dont les descendants s'occupent encore aujourd'hui de vol de bestiaux et de thé. Le gouvernement n'est pas plus heureux avec l'assignement chez les colons : les condamnés quittent le patron pour retourner à leur vie de vagabondage.

Devant ces insuccès, une hésitation se manifeste vers 1830 ; la question de la transportation est mise à l'étude par ordre de Nicolas Ier et les résultats de l'enquête sont si peu encourageants qu'on parle de supprimer cette peine. On préconise le rétablissement de la peine de mort, la construction de maisons de force et l'organisation de compagnies de discipline. Malgré ces attaques, la transportation a cependant vécu et occupe encore une large place dans le nouveau Code pénal russe de 1845. Elle vient immédiatement dans l'é-

chelle des peines après la peine de mort applicable
seulement aux crimes politiques et militaires et constitue la seconde des peines majeures.

A l'heure actuelle trois peines s'exécutent en Russie
par l'expatriation : la transportation avec les travaux
forcés, la transportation simple et la déportation (1).
Les deux premières seules se rapprochent de la transportation telle que l'organise la législation française.
La déportation n'atteint pas les criminels de droit commun, mais seulement certains privilégiés qu'elle oblige
à un exil de 12 ans en Sibérie. Elle a plutôt le caractère d'une mesure administrative que d'une peine et
ne s'applique qu'à des délits religieux ou politiques.

La transportation avec travaux forcés est réservée aux
grands crimes : assassinat, incendie, viol. Elle dure de
4 à 20 ans et n'est perpétuelle que pour les parricides.
Elle s'exécute dans la Transbaikalie, la province de
l'Amour et l'île de Sakhaline. Les forçats sont répartis
en trois classes : ils passent de 1 à 8 ans dans la première, celle des observés. Quand ils paraissent en voie
d'amendement ils sont placés dans la seconde, celle
des incorrigibles ; la peine est adoucie, les travaux sont
moins pénibles, le condamné touche un salaire, peut
vivre isolé, a la faculté de se marier, et l'autorisation
de bâtir une maison. Les transportés colons forment

---

(1) Il faut ajouter l'exil communal prononcé pour 5 ans et basé sur
le droit qu'a le mir d'éliminer ses membres indignes. Cette peine est en
voie de disparition.

la troisième classe à laquelle on n'accède qu'après avoir accompli toute la peine ou 20 ans si elle est perpétuelle. Une concession de terre leur est accordée avec exonération de l'impôt pendant un certain temps ; ils sont relevés de certaines incapacités. Mais le libéré reste sous la surveillance de l'Administration ; pendant 10 ans il ne peut quitter son village sans autorisation.

La transportation simple s'applique aux délits de moindre importance : vols qualifiés, coups et blessures ; elle est prononcée dans des cas très nombreux. Elle s'exécute dans la Sibérie occidentale ou orientale suivant le délit. Les transportés ne sont pas soumis à l'obligation du travail. Répartis dans des communes qui leur accordent des terrains et sont chargées de leur surveillance, ils peuvent faire le commerce ou devenir paysans d'État et ont la faculté de se déplacer dans toute la Sibérie. Malheureusement leur manque de ressources, leur inaptitude au travail agricole, la désorganisation de la famille et la disproportion des sexes s'ajoutant au mauvais vouloir des indigènes, empêchent les transportés de réussir dans les entreprises agricoles et de s'attacher au sol comme colons. Leur nombre, augmenté par l'application de la loi de 1853 qui ordonne la transportation des vagabonds, rend la surveillance difficile (1) et comme les délits pour lesquels ils ont encouru leur peine sont généralement peu

(1) On estime que la moitié environ des transportés sibériens disparaissent de leur lieu de résidence légale sans laisser de trace.

graves, le gouvernement russe a fini par ne plus s'en occuper. Aussi deviennent-ils pour la Sibérie un véritable fléau. Ils continuent sans crainte leur vie de vagabondage, de mendicité et de rapines. Il a fallu édicter pour la Sibérie un Code pénal spécial portant des peines très rigoureuses.

Le péril que les transportés font courir à la Sibérie était déjà signalé dans l'enquête de 1837 et Nicolas Ier se demandait s'il n'y aurait pas lieu de supprimer la transportation simple. Mais on faisait valoir alors que la Sibérie était assez grande pour absorber longtemps encore des vagabonds. Ils sont aujourd'hui près de 50.000 et deviennent de plus en plus dangereux, surtout depuis que les forteresses ne les emploient plus et que l'État a fermé les usines, les fabriques et les mines où ils trouvaient du travail. « L'expérience que la Russie a faite de la transportation au cours de plusieurs siècles, dit M. Foinitski, le savant professeur de l'École de Droit de St-Pétersbourg, a fait seulement ressortir les sombres côtés de cette pénalité. Elle est en effet très coûteuse et elle a une influence malsaine sur le développement de la Sibérie (1). »

L'organisation de la transportation avec travaux forcés semble avoir donné de meilleurs résultats. Quoique d'assez nombreux condamnés soient établis dans le bassin de l'Amour, notamment aux bagnes d'Alexan-

---

(1) Foinitski, *loc. cit.*, p. 215.

drovsk et de Nertchinsk où ils sont employés à des travaux de mines, à la construction de forts, à la confection de routes, de lignes télégraphiques et même de
chemins de fer (1), l'île de Sakhaline est actuellement
le principal établissement de la transportation russe,
celui vers lequel le gouvernement fait porter tous ses
efforts.

Sakhaline est cette étroite langue de terre longue de
950 kilomètres qui se trouve situé dans la mer d'Okotsk
à quelques milles de la terre en face de l'embouchure
du fleuve Amour. Cette île, au climat rude, à la végétation riche et puissante, habitée par une race peu nombreuse qui disparaît peu à peu appartint jusqu'en 1875
au Japon. A cette époque, le gouvernement russe déçu
par un essai malheureux de construction de maisons
centrales, où les forçats, dispensés de travail, mais
soumis à un régime sévère, avaient été décimés par une
mortalité effroyable, acheta Sakhaline pour en faire une
colonie pénale. Par son origine, Sakhaline se rappro-
che ainsi de la Nouvelle-Calédonie.

Administrée par un Gouverneur qui jouit d'une certaine indépendance, cette île est depuis 1875 un lieu
de transportation pour les condamnés à la transportation avec travaux forcés. Les femmes y sont envoyées

(1) La main-d'œuvre pénale a été essayée dans la construction du
chemin de fer transsibérien. Employée avec succès aux environs d'Ir-
koutsk, elle a donné ailleurs d'assez médiocres résultats. En 1891 des
détachements considérables de condamnés ont été envoyés de Sakhaline
pour la construction du chemin de fer de l'Oussouri.

depuis 1884 ; les familles des transportés qui le demandent sont unies à eux. Les forçats sont conduits à Sakhaline par mer depuis Odessa. La transportation est complètement chez elle dans cette île, car par une fiction
juridique Sakhaline est considérée comme une gigan-
tesque prison ; d'où la possibilité d'y faire vivre les forçats dans un régime de liberté avec travail obligatoire (1).

Sakhaline semble avoir depuis sa constitution en colonie pénale, acquis un important développement. De
nombreux villages se sont, paraît-il, créés dans les
principales vallées, l'agriculture est prospère : la culture maraîchère, celle du maïs, du froment et des
pommes de terre donnent de bons résultats. Deux fermes modèles ont été instituées pour encourager les
colons et leur venir en aide dans les travaux agricoles.
La pêche est avec l'agriculture une des principales occupations des transportés. Les forêts ont aussi été atta-
quées et leur exploitation paraît profitable. Des moulins,
des scieries, des fonderies et des salines sont déjà en
pleine exploitation. Pendant la période d'expiation, les
condamnés sont occupés aux travaux d'utilité publique
et de défrichement. Un réseau de routes est en construction, qui reliera les principaux villages entre eux ;
de même un réseau télégraphique. La communication
par câble a été établie avec le continent et le fort Alexan-
drovosk a été bâti.

(1) Paiu, *Colonisation pénale*, p. 64.

Tel est le tableau aussi exact qu'il paraît possible de le tracer, étant donnés les documents dont on dispose, de la transportation russe à l'heure actuelle. Nous avons vu à quelles difficultés avait été aux prises le gouvernement russe pour la transportation en Sibérie : inaptitude au travail, disproportion des sexes (1), absence de familles, méfiance de la population indigène, nombre considérable de vagabonds. Ces difficultés qui atteignent au bout de peu de temps toutes les colonies pénales ont obligé le gouvernement à réduire peu à peu la transportation en Sibérie.

Quant à l'île de Sakhaline, les résultats actuels y paraissent heureux. N'oublions pas cependant que nous ne sommes qu'au début de l'expérience. L'élément pénal est actuellement seul à Sakhaline, l'élément libre y viendra forcément un jour ; alors peut-être la colonisation pénale touchera à sa fin. Au surplus les résultats excellents de la colonisation de Sakhaline ne sont pas aussi certains qu'on pourrait le croire. Des écrivains russes prétendent que la discipline est fort relâchée, que le travail n'est pas obligatoire, que les mesures moralisatrices font défaut, que la répression est mal organisée et que le vagabondage commence à se développer. M. Drill, qui a séjourné dans l'île en 1897, n'hésite pas à

---

(1) Les tentatives d'achat de fillettes indigènes n'ont pas réussi : de même on n'a pu, malgré les offres qui leur ont été faites, décider les jeunes filles russes à s'expatrier pour épouser les condamnés.

dire que l'essai de colonisation pénale a aussi complètement échoué à Sakhaline qu'en Sibérie, qu'à la Nouvelle-Calédonie et qu'à la Guyane.

Les Russes ne paraissent pas d'ailleurs satisfaits de
la manière dont la transportation est organisée dans
leur pays. Un courant s'est depuis quelques années ré-
tabli avec plus de force contre la transportation. Les
juristes (1) délégués au Congrès de Paris de 1895 n'ont
pas caché que la transportation n'avait pas réussi en
Russie. Ils ont indiqué que des réformes étaient nécessaires et que le gouvernement russe était décidé à les
opérer. Tout le monde est d'accord au surplus pour
reconnaître que la Sibérie tout au moins ne pourra pas
continuer longtemps encore à recevoir les transportés.
Tout comme en France des comités ont été institués
pour étudier la question et la commission officielle,
mieux à même qu'aucune autre pour porter un jugement motivé a récemment conclu à la suppression de
la transportation simple (2) et à l'exécution des travaux
forcés dans les prisons de Russie avec transfert en Sibérie des forçats à l'expiration de leur peine. N'était
l'organisation absolument déplorable de la peine d'emprisonnement en Russie, la transportation disparaîtrait
à l'heure actuelle sans avoir pu fermement s'établir au

(1) Notamment MM. Drill, jurisconsulte du ministère de la justice, et
Foinitski, délégué de la société juridique de St-Pétersbourg.
(2) Cf. dans le même sens déclaration du sénateur Zakrewsky, ancien
procureur général à St-Pétersbourg, délégué du ministre de la justice
au Congrès de Paris en 1895.

cours d'une expérience qui n'a pas duré moins de trois cents ans.

D'ailleurs ce résultat paraît ne pas être éloigné ; une récente décision impériale l'a rendu plus proche. Après une délibération en conseil spécial au sujet de la question de la déportation et des travaux forcés, l'empereur Nicolas II a ordonné, à la date du 18 mai 1899, qu'une commission soit créée sous la présidence du ministre de la justice en vue d'élaborer un projet de remplacement de la déportation par d'autres peines. La déportation est donc près de disparaître ; la transportation ne lui survivra que peu de temps.

CHAPITRE III

Comme la Russie, l'Espagne et le Portugal admettent
la transportation dans leur code pénal, mais ne l'ont
pas organisée d'une manière aussi complète. Nous devons cependant étudier ces deux législations.

Ce n'est guère qu'au XVIIe siècle que l'*Espagne* a com-
mencé à appliquer la transportation à ses criminels ;
jusque là ils étaient employés sur les galères royales où
ils étaient soumis à un régime très sévère. Au courant
du XVIIIe siècle, le gouvernement prit la décision de les
expédier dans les places fortes qu'il détenait sur les cô-
tes du Maroc, à Oran et Ceuta. On établit là des *présidios*
militaires analogues aux *présidios* des arsenaux de la marine organisés dans les ports. Vers la fin du XVIIIe siècle un assez grand nombre de criminels furent un moment employés, en Espagne même, à des travaux d'utilité publique, notamment, au creusement des canaux et
des ports. Mais la transportation ne fut pas pour cela
abandonnée.

La législation actuelle de l'Espagne l'a conservée. Le
code de 1848, successivement refondu en 1850, 1870

et 1876 admet la transportation au nombre des peines majeures. Mais en dehors d'elle, d'autres peines s'exécutent par l'expatriation dans les *présidios* des colonies : chaîne perpétuelle ou temporaire, réclusion perpétuelle ou temporaire, *présidio* majeur ou correctionnel. De nombreuses ordonnances ont déterminé la durée de ces diverses peines, les lieux d'exécution différents pour chacune d'elles, le régime disciplinaire en apparence très sévère auquel les condamnés des différentes catégories doivent être soumis. Mais cette législation très complexe (1) est unifiée dans la pratique. Le régime appliqué est à peu près le même partout et pour toutes les catégories de condamnés. Les *présidios* des colonies : Iles Canaries, Iles Chafarinas, établissements du Maroc et de la Guinée ne diffèrent pas de ceux de la métropole. Beaucoup d'ailleurs des condamnés qui devraient être expatriés restent dans les *présidios* d'Espagne. Dans tous ces établissements, le régime n'est pas aussi sévère que le veulent les règlements ; la surveillance est mal organisée et le personnel de gardiens très réduit (2). La promiscuité la plus révoltante règne et produit des effets déplorables. Toutes les catégories de condamnés sont mêlées et confondues. Les

---

(1) Non seulement les peines sont très nombreuses en Espagne, mais encore chaque peine admet plusieurs degrés, ce qui augmente le travail du juge. La difficulté des calculs est telle qu'il faut employer une formule algébrique fort compliquée pour fixer le quantum de la peine dans chaque cas.

(2) A Ceuta on compte 26 gardiens pour 2.500 détenus.

règles d'hygiène les plus élémentaires sont méconnues : les *présidios* tombent en ruines et les condamnés y vivent dans les conditions les plus défectueuses.

Quant au travail, un rapport officiel indique que sur 19.000 détenus des prisons continentales ou coloniales, 15.000 ne se livrent à aucun travail. A Ceuta, en particulier, ils ne sont employés qu'aux fortifications et aux travaux de l'artillerie, de la municipalité ou de la place.

De l'expérience espagnole il n'y a donc rien à tirer en faveur de la transportation : il n'y a pas lieu d'ailleurs de s'en étonner, car l'amendement des condamnés pas plus que la colonisation pénale n'ont été la préoccupation du gouvernement espagnol. On s'est contenté en Espagne d'établir dans les colonies des *présidios* comme ceux qu'on établissait dans la métropole, sans autre but que celui de débarrasser ces derniers d'un certain nombre de criminels (1).

Le *Portugal* est peut-être la nation européenne qui emploie depuis le plus longtemps la transportation comme mode de répression. Cette peine date en effet, dans la législation portugaise du XVᵉ siècle et n'a cessé d'être appliquée depuis. Ce fut d'abord à Ceuta, à Arzilla et Tanger (loi de 1474), puis dans l'Inde, au Brésil et dans les îles d'Afrique que furent transportés les criminels de droit commun. Réservée aux valides, la peine était organisée d'une manière très rigoureuse et

(1) *Revue pénitentiaire*, 1895, p. 507 (P. Baillière, *Les présidios espagnols*); 1897, p. 508.

paraît avoir donné d'assez bons résultats au point de
vue du peuplement du Brésil et des colonies d'Afrique,
sinon à celui de la régénération des condamnés. L'importance de cette peine alla sans cesse en croissant :
bien plus au commencement de ce siècle, le Portugal
transportait à Angola près de 3000 condamnés pour le
compte du royaume de Naples. Prévue par le Code de
1852 la transportation a été maintenue par celui de 1886
qui lui a fait une large place. La loi du 21 avril 1892 l'a
étendue aux récidivistes. Divers décrets sont venus ensuite l'organiser, notamment ceux des 27 décembre
1881 et 17 février 1894 (1).

A l'heure actuelle la transportation est appliquée aux
infractions les plus graves et constitue la première des
peines majeures ; la peine de mort en effet a été abolie
en 1867. Elle est prononcée soit seule, soit combinée
avec l'emprisonnement cellulaire subi dans la métropole. Mais le Code prévoit sa substitution ultérieure à
toutes les autres pénalités, quand le régime pénitentiaire du Portugal sera assez développé pour le permettre. Et dans cette prévision il indique combien d'années
de transportation le juge doit prononcer dans chaque
cas pour substituer ultérieurement à la peine provisoire
qu'il édicte. Quant à la loi de 1892, elle est analogue à
notre loi de 1885, mais la relégation des vagabonds est
organisée d'une façon plus simple. Les lieux actuels de
transportation sont Loanda, et la province d'Angola où

(1) *Annuaire de législation étrangère*, 1894, p. 452.

trois colonies ont été créées : Mossico, Nana-Candongo et Caquengo.

La réglementation de la transportation est, paraît-il, bonne. Les condamnés sont répartis, suivant leur situation morale, en trois classes. Le travail est obligatoire, mais les condamnés touchent un salaire — un tiers du produit de leur travail — qui leur constitue un pécule. Le régime, qui est calqué sur le régime militaire, est fort sévère, mais des adoucissements temporaires, au nombre desquels la permission de travailler chez les colons, sont accordés aux plus méritants. La famille du condamné est admise à le rejoindre. Enfin des concessions peuvent être octroyées aux libérés. L'espoir du retour n'est pas absolument perdu pour les meilleurs qui peuvent l'obtenir par une décision judiciaire.

Les résultats ne sont pas satisfaisants, aux yeux mêmes des Portugais, malgré les réformes réalisées. La peine est intimidante (1), mais il faut critiquer la répartition des condamnés, envoyés dans les diverses colonies plus ou moins salubres suivant les vides faits par la mortalité et non suivant leur situation morale. En outre malgré l'instruction et l'éducation religieuse que reçoivent les condamnés, leur régénération est loin d'être atteinte. Au point de vue du travail, ils sont employés aux services locaux dans les provinces où ils se trouvent, à

(1) Certains criminalistes lui reprochent cependant d'avoir un caractère trop débonnaire.

la construction de quelques édifices publics et à des travaux de défrichement.

En résumé la transportation ne paraît avoir satisfait les Portugais ni au point de vue pénitentiaire ni au point de vue colonial. Le Portugal est d'ailleurs un trop petit pays pour que son expérience soit comparable avec celle de la France (1).

Un autre pays de langue espagnole, le *Chili*, a au courant de ce siècle admis la transportation dans son régime pénitentiaire. Sans parler du présidio de Valdivia qui existait sur son territoire au temps de l'occupation espagnole, ni de l'envoi en 1814 à l'île de Juan-Fernandez, à 300 milles de Valparaiso, des chefs du mouvement révolutionnaire qui furent rendus à la liberté au moment de l'Indépendance (1817), ce n'est qu'en 1837 que nous trouvons la transportation appliquée aux criminels de droit commun. La colonie de Magellan reçut les condamnés au bagne pour les délits les plus graves. Mais l'insurrection de 1851 et plus tard celle de 1877 jetèrent du discrédit sur Magellan et sur la colonisation pénale. En 1874, du reste, le Code pénal faisait de la transportation une simple translation dans un lieu habité de la république avec défense d'en sortir mais à l'état de liberté et la transportation cessa de fait à cette époque. Quant aux résultats qu'elle a donnés à Magellan ils semblent peu connus. La colonie eut cependant

(1) *Revue pénitentiaire*, 1895, p. 728. *Compte rendu du Congrès de Lisbonne* (Rapport Frazào).

un moment de prospérité quand on y déporta les condamnés militaires qui s'y livrèrent avec succès à des
travaux agricoles et à l'exploitation des terrains aurifères. Quelques travaux publics furent aussi effectués.
Quant à l'amendement des condamnés, les deux insur-
rections de 1851 et 1877, la première notamment marquée par l'assassinat du gouverneur, montrent qu'il
n'était pas obtenu (1).

En dehors des pays qui ont à un moment quelconque
de leur histoire admis la transportation dans leur législation pénale, il faut signaler ceux qui, sans cependant
l'organiser, se sont néanmoins occupés de cette peine.

En *Hollande* la transportation n'a jamais été appliquée bien qu'existant légalement dans l'ancien Code
pénal ; elle n'a pas été admise dans le nouveau et une
grande commission réunie en 1857 l'a déclarée impra-
ticable et inefficace. La Hollande a seulement fait fonctionner dans les Indes orientales les travaux forcés sous
la forme de colonisation agricole imposée par elle à tous
les indigènes et y a trouvé une source importante de
bénéfices.

En *Italie* il a été à diverses reprises question d'admettre la peine de la transportation. En 1865 un amendement a été déposé dans ce sens à la Chambre des députés et la question a été étudiée au cours des travaux
préparatoires du Code pénal actuellement en vigueur ;
de même la commission instituée pour la recherche

(1) *Revue pénitentiaire,* 1890, p. 120.

des moyens propres à créer une colonie s'en est occupée. Récemment encore divers criminalistes ont proposé d'essayer la colonisation pénale en Abyssinie, dans
l'Erythrée. Mais on ne peut considérer comme une tentative sérieuse la transportation dans l'île de Nokra des
détenus condamnés par le tribunal de Massaouah. La
transportation en même temps que des partisans convaincus a d'ailleurs trouvé des adversaires résolus.
M. Cerruti en 1875, le comte da Foresta, Procureur général près la Cour d'appel d'Ancône, aux Congrès de
Londres et de Stockholm, le Dr Fani à celui de Lisbonne se sont montrés favorables à la transportation ;
mais le sénateur Beltrani-Scalia, Directeur général des
prisons italiennes et le conseiller Luccheni en ont été
les adversaires très habiles. La question du reste paraît
devoir être écartée pour le moment.

En *Allemagne* la question a été également mise à
l'étude et les partisans de la transportation se sont tout
d'abord trouvés nombreux. Ils proposaient l'emploi de
la main-d'œuvre pénale pour la mise en valeur du Sud-
Ouest africain dont l'Allemagne a récemment acquis la
possession et qui n'est encore qu'à l'état de colonie
naissante. Le professeur Bruck de l'Université de Bres-
lau a, dans diverses occasions, proposé de tenter cet
essai. Il recommande la déportation immédiate et définitive pour les criminels d'habitude ; il pense que les
condamnés pourront rendre d'utiles services dans les
mines de cuivre de la colonie et que les libérés seront

employés avec succès comme travailleurs chez les colons libres. Le conseiller Freund de Coblentz a, comme
le professeur Bruck, préparé un projet de loi sur la
transportation. M. Spiecker de Cologne est aussi favorable à la transportation.

Mais la peine nouvelle a trouvé des adversaires dans
les sphères officielles et aussi chez les publicistes.
M. Rosenfeld notamment s'en est déclaré au Congrès de
Lisbonne un adversaire résolu. Une enquête faite par
le gouvernement auprès des gouverneurs des colonies
africaines a donné un résultat défavorable. Dans un
récent Congrès de jurisconsultes allemands tenu à
Posen en septembre 1898, les partisans de la transportation se sont trouvés peu nombreux. Après l'interven-
tion énergique de M. Hamm, Procureur général près la
Cour suprême de Leipzig, le Congrès a voté à l'unani-
mité moins 5 voix la résolution suivante : « La transportation n'est pas un bon moyen de répression, il n'y
a pas lieu de faire l'expérience de cette peine. » Dans
de récentes études M. Mittermaier, Privat-docent à
l'Université d'Heildelberg, montre que la transportation
ne possède pas les avantages des peines métropolitai-
nes et que ceux qu'elle comporterait sont irréalisa-
bles. Tous ces faits sont de nature à faire penser que la
transportation ne gagne pas à l'heure actuelle du
terrain en Allemagne, et qu'elle n'est pas près de
trouver une place dans sa législation pénale (1).

(1) *Revue pénitentiaire*, 1896, p. 1039 ; 1898, p. 1303.

CONCLUSION

Nous venons d'étudier la transportation en France et chez les autres nations qui l'ont admise dans leur système pénal. Nous avons indiqué, au fur et à mesure que nous les avons rencontrés, les inconvénients d'ordres divers que ce mode de répression nous a paru présenter.

Au point de vue pénitentiaire, nous reprochons à la transportation de n'être ni intimidante ni répressive. Après bien des tâtonnements, on n'a pu encore établir un régime disciplinaire efficace dont l'application inspire à ceux qui le subissent une crainte salutaire. Quoi qu'on en ait dit, la peine des travaux forcés s'exécute de telle manière qu'elle constitue un attrait pour les criminels du continent. La difficulté de la surveillance, le travail en plein air, l'éloignement de la métropole s'opposent à ce que la peine revête le caractère d'exemplarité qui lui est nécessaire. Elle est d'ailleurs inégale : le condamné qu'elle frappe le plus durement est précisément celui chez qui subsistent encore quelques nobles sentiments et pour qui l'éloignement de la patrie et la promiscuité du bagne apparaîtront sous un tout autre aspect qu'au criminel perverti qui considère le voyage dans les colonies comme un couronnement à sa longue carrière. Suivant le mot de M. d'Haussonville : « L'expiation est d'autant plus grande que le condamné mérite plus d'intérêt (1). »

La transportation est incapable en outre de régénérer l'âme de ceux à qui elle s'applique : les résultats sont là pour le prouver. Si l'on peut citer dans chaque colonie pénale quelques individus dont l'amélioration et le reclassement ont été obtenus, on ne peut nier que leur nombre ne soit restreint et que la grande masse ne soit aussi profondément pervertie, — plus peut-être — après l'expiation qu'après le crime. Les punitions nombreuses encourues par les condamnés, le régime pénal particulièrement sévère que l'on a dû leur appliquer, prouvent surabondamment que leur régénération n'est pas obtenue. Au surplus, nous avons vu quels médiocres résultats avaient donnés les essais faits pour créer aux forçats une famille et pour faire d'eux des propriétaires colons.

Enfin les libérés, pour qui la transportation est faite, on ne saurait trop le répéter, sont pour les colonies non point l'élément de prospérité que l'on avait espéré, mais l'obstacle le plus certain à leur développement. Ils poursuivent de jour en jour plus nombreux et plus dangereux leur existence de vagabonds vivant en parasites aux dépens de l'élément libre qu'ils terrorisent.

Au point de vue colonial, les inconvénients de la transportation ne sont pas moins certains. La question pri-

(1) *Revue pénitentiaire*, 1899, p. 491.

mordiale de l'utilisation de la main-d'œuvre pénale n'a pu encore être résolue. De nombreux décrets ont été promulgués et ont déterminé à diverses reprises, mais d'une manière toujours précaire, le mode de travail des condamnés, les conditions dans lesquelles les particuliers ou les services publics pourront les employer, la rétribution à payer par ceux qui profitent de leur labeur. Mais aucune solution satisfaisante n'est jusqu'à ce jour intervenue. Les contrats de main-d'œuvre et l'assignement sont les seuls modes d'utilisation qui paraissent avoir donné, au point de vue économique, de bons résultats ; l'Angleterre notamment en a tiré un habile parti. Mais ils choquent trop les principes du droit pénal, ils font trop bon marché de l'âme du criminel pour qu'un législateur épris d'idées élevées puisse les tolérer.

Quant au développement de la colonie que l'on comptait provoquer par la transportation, bien loin d'avoir été facilité, il a été au contraire empêché par elle. L'immigration libre, indispensable au développement des colonies naissantes, s'est ralentie et presque arrêtée en présence des dangers que les libérés faisaient courir aux colons. Le voisinage des bagnes est, pour les habitants de la métropole disposés à s'expatrier, un bien médiocre attrait. L'Administration pénitentiaire au surplus, n'a rien fait pour ouvrir la voie à la colonisation libre ; elle a toujours vu en elle un ennemi auquel il faudrait un jour ou l'autre céder la place. L'état lan-

guissant dans lequel se trouvent les colonies pénales dit
assez combien la transportation leur a été funeste. Pas
de travaux publics, pas de moyens de communication,
peu ou point de concessions prospères, population blanche restreinte, impossibilité de subvenir même à une
partie de leurs besoins immédiats, tels sont les résultats
que nous avons constatés à la Guyane et à la Nouvelle-
Calédonie (1).

Tous ces inconvénients ne sont pas niables, et nous
sommes loin des avantages signalés au début de cette
étude, que la transportation devait procurer aux criminels, à la métropole et à la colonie. Que l'on puisse
fournir des excuses pour expliquer ces médiocres résultats, cela est certain. Nous ne nions pas que la question

---

(1) Nous ne croyons pas devoir nous arrêter à l'examen d'une question qui n'est pas d'ailleurs discutée ; nous voulons parler du coût même
de la transportation. De l'avis général, ce mode d'exécution des peines
est très onéreux. L'éloignement des condamnés aggravé encore par les
frais de voyage rend nécessairement l'exécution de la peine plus coûteuse. Il a été dépensé à la Nouvelle-Calédonie 120 millions depuis l'o-
rigine de la transportation dans cette île. Les frais de transport par
condamné sont évalués à 455 francs pour la colonie que nous venons
de nommer, à 360 pour la Guyane, à 340 pour l'île de Sakhaline et l'entretien de chacun coûte 513 francs par an en Nouvelle-Calédonie et
712 en Guyane. Mais ce côté du problème bien qu'il soit peu encou-
rageant doit être sans hésitation considéré comme tout à fait accessoire.
Il est exact de dire avec M. Michaux au Congrès de Stockholm : « Rien
n'est plus cher que le crime, le système qui diminue le plus la criminalité est le plus économique ». La transportation fût-elle dix fois plus
coûteuse, que l'État réaliserait encore un beau bénéfice si du groupe
des expulsés de la métropole sortait fût-ce seulement une majorité
de colons régénérés, laborieux, pouvant féconder des territoires neufs
et y faire souche d'honnêtes gens.

qui se pose ne soit des plus délicates et nous ne voulons
pas soutenir que la solution en soit aisée à trouver Parce
ce qu'elle est à la fois coloniale et pénale, elle a deux
sortes d'écueils à éviter. Se rattachant aux théories
pénitentiaires elle touche aux intérêts moraux les plus
graves de la société ; tous les problèmes de droit pénal
et de science pénitentiaire ont leur solution liée à la
sienne. Et elle présente sa part aussi des difficultés de
toute nature que portent en elles les questions coloniales ; toutes celles qui ont trait au peuplement, à la mise
en valeur, à l'organisation de territoires nouveaux lui
sont connexes. Il faut se dégager quand on étudie la
transportation de toute tendance uniquement pénale
comme de toute tendance exclusivement économique.
Il faut ne choquer aucun des intérêts très rarement
concordants le plus souvent opposés des condamnés,
de la métropole et des colonies.

Toutes les questions de détail et d'organisation sont
des plus délicates. Le choix même du lieu de transportation présente ses difficultés ; si la colonie est salubre,
le châtiment prend un caractère de douceur dangereux ; si elle est insalubre il se trouve aggravé et revêt
une apparence de cruauté inutile. N'oublions pas surtout que c'est à l'élément le plus perverti de la population que l'on a affaire, c'est à lui qu'on demande de se
régénérer et de fonder une colonie. Or si l'on peut
douter que ces hommes tarés soient transformés en
honnêtes gens par un voyage au long cours, on ne peut

non plus compter d'une manière certaine qu'ils deviendront par ce seul fait d'utiles colons. La main-d'œuvre qu'ils constituent est la plus mauvaise qu'on puisse trouver et, si elle n'a pas produit des merveilles, la cause en est plus encore à sa déplorable qualité qu'à la manière dont elle a été utilisée.

Nous savons bien que, sans nier la difficulté du problème ni les mauvais résultats obtenus jusqu'ici, quelques partisans convaincus de la transportation continuent néanmoins à avoir foi en elle et fondent sur elle de nouvelles espérances. Ils expliquent à leur manière l'échec qu'elle a subi et lui donnent pour cause l'application défectueuse qu'elle a reçue. Le principe, disent-ils, n'est pas atteint : bien dirigée, la peine est susceptible de produire d'heureux effets. Cette excuse ne nous satisfait pas. Nous admettrons difficilement que depuis plus d'un demi-siècle que la peine des travaux forcés s'exécute en France par la transportation, on n'ait jamais trouvé que des incapables pour l'appliquer et que tous les gouverneurs de nos colonies pénales méritent d'être mis en accusation. Nous ne sachons pas d'ailleurs que le même reproche ait été fait à l'Angleterre qui a dû cependant renoncer à la transportation. Quant à la Russie, M. Drill, délégué officiel du ministère de la justice russe, a dit au Congrès de Paris en 1895 : « Notre système n'a pas réussi, cependant l'Administration a fait tous les efforts qu'elle devait. » Si l'application de la transportation est toujours défectueuse, c'est qu'il est impossible qu'il en soit

autrement. Ce n'est pas une excuse de dire : nous nous
heurtons à des difficultés d'exécution. Nous ne croyons
pas que, comme le disait récemment M. Leveillé, toute
loi de répression doive contenir un grain d'utopie (1).
Car en somme, ce qu'il faut organiser, c'est précisément
l'exécution ; on ne se meut pas ici dans un monde idéal,
on est dans la réalité et ce sont des solutions pratiques
qu'il faut donner. On ne peut séparer le principe de son
application.

Nous savons bien qu'on dit depuis 50 ans : aujour-
d'hui c'est mauvais, mais attendez, demain ce sera
meilleur. On nous le répète encore au lendemain de la
mise en vigueur du régime créé par des décrets récents,
et les criminalistes qui siègent à la Commission permanente du régime pénitentiaire disent : Nous avons fait
de bonne besogne et donné à la peine les caractères qui
lui manquaient. Nous ne sommes pas si persuadés
qu'eux de l'efficacité de ces règlements ; il y a loin de
Paris à Nouméa ; il y a loin aussi des décrets à leur
application. N'oublions pas que M. Leveillé, qui vante
l'excellence de la législation nouvelle, proclame bien
haut que la loi de 1854 est « un chef-d'œuvre » ; ce qui
ne l'empêche pas de constater que l'application de ce
chef-d'œuvre est des plus mauvaises. Depuis 50 ans, on
étudie la question, on pose des règles et on les applique,
puis on y renonce et on en cherche de nouvelles : il faut

(1) *Revue pénitentiaire*, 1899, p. 518.

bien reconnaître que s'il était une forme simplement bonne de cette peine, elle aurait été découverte et on s'y serait arrêté. La vérité est que la transportation porte en elle-même un vice essentiel qui l'empêche de produire d'heureux effets.

L'erreur, semble-t-il, a consisté à prendre comme point de départ de toute législation sur la transportation et à poser comme un axiome en tête des études entreprises sur elle cette idée que la régénération du criminel et son reclassement dans la société devenaient choses faciles par le seul fait de l'implantation en pays neuf. On sait toutes les difficultés, pour ne pas dire tout l'insuccès, des tentatives faites pour reclasser les délinquants ou les criminels sur le territoire même de la métropole. Pourquoi admettre que la situation est meilleure aux colonies ? L'affirmer n'est-ce pas émettre un véritable postulat. On comprend que l'on ait fait accueil en législation à une idée très séduisante quoique toute hypothétique ; mais l'on comprend aussi que tous ceux qui sont allés voir la transportation fonctionner, soient revenus singulièrement désillusionnés (1).

En réalité le succès dans la lutte pour la vie demande

(1) M. Leveillé fait exception et c'est incontestablement grâce à son autorité considérable, à la vaillance avec laquelle il la défend, que la transportation doit d'avoir encore dans les milieux les plus compétents, à la Société des prisons par exemple, de nombreux partisans. Dans les discussions récentes de cette Société c'est bien à son énergie et à la puissance de sa dialectique que la transportation doit de ne pas avoir succombé sous les attaques d'un des représentants les plus écoutés de nos intérêts coloniaux.

dans les pays neufs autant sinon plus d'énergie physique et morale que dans la métropole. Comment l'espérer alors pour des rebuts de la société métropolitaine
généralement usés à tous les points de vue ? Confèrerait-
on au seul séjour dans une colonie un pouvoir surnatu-
rel ? Il faut en outre fondre les éléments rejetés par la
métropole dans une société normale. Or pourquoi cela
serait-il plus aisé aux colonies où cette société est encore à l'état embryonnaire ? Ne craint-on pas en sens
inverse que numériquement plus faible l'élément honnête ne soit absorbé lui-même. En fait, il serait curieux
que la réintégration sociale du condamné, qui ne s'ob-
tient pas dans des milieux nombreux et fortement constitués, pût être réalisée par des groupes peu nombreux
et d'une organisation assez fragile.

La faillite doctrinale de la transportation se rattache
au surplus à celle de toute une théorie coloniale aujour-
d'hui démodée. On a longtemps cru que les colonies
absorberaient tous les éléments débiles ou parasitaires
qui nuisaient à la vie de la société métropolitaine et les
lui transformeraient en agents utiles de prospérité. Il y
aurait eu double profit et l'on pensait pouvoir appliquer
sans danger ce procédé soit aux hommes turbulents
soit surtout aux classes pauvres. Or l'expérience n'a pas
été favorable et, pour ne citer que le dernier en date, la
réintégration à la Réunion d'immigrés pauvres expédiés
à Madagascar paraît peu encourageante. Aussi les opinions ont bien changé et dans les milieux coloniaux on

sait aujourd'hui (et l'on agit en conséquence) que le colon doit être pris, on pourrait presque dire dans l'élite de la population métropolitaine, qu'il faut exiger de lui des choses qu'on ne trouve pas réunies couramment sur les mêmes têtes, la santé du corps et de l'âme, l'énergie et la patience et l'on ajoute même la possession d'un certain capital en argent. Le transporté cumule-t-il ces qualités diverses ?

On propose, il est vrai, de nouveaux remèdes. Quelques-uns se plaçant à un point de vue utilitaire, soutiennent que c'est surtout en matière de travaux publics que les condamnés peuvent rendre de réels services. La France, disent-ils, possède de nombreuses colonies qui ne sont pas encore complètement mises en valeur et où la construction de grands travaux publics d'utilité générale s'impose. L'Algérie demande des bras pour construire des chemins de fer de pénétration dans le Sahara et pour défricher les terres du Sud (1). Le Tonkin a besoin d'une main-d'œuvre bon marché pour procéder à la construction de voies de communication et pour doter ses ports de l'outillage nécessaire. Il faut de même au Soudan peupler les territoires nouveaux. Madagascar enfin a besoin de colons pour aider à son développement.

Pour accomplir ces travaux on organiserait ce que

---

(1) 400 détenus des pénitenciers de Berrouaghia et Lambèze sont occupés à des travaux de défrichement dans les centres de Levachez et Lacroix.

M. Mimande appelle les brigades volantes et MM. Leveillé et Chailley-Bert l'armée pénale de travaux publics.
Les condamnés commenceraient à subir leur peine dans
des lieux de dépôts situés en Guyane et en Nouvelle-
Calédonie. Ils partiraient de là pour aller, organisés en
détachements et soumis à une discipline militaire,
effectuer les grands travaux d'utilité publique dans les
colonies où ils seraient nécessaires pour assurer la défense et la salubrité du pays et permettre le développement du commerce. Mais des difficultés se présentent
que les auteurs de ces projets ont négligé de résoudre.
C'est d'abord au point de vue financier la cherté exces-
sive de ce système. Il faut faire suivre les condamnés
d'un nombreux personnel de surveillance, établir des
camps sur les lieux de travaux. On met en outre de côté,
d'une manière absolue, le point de vue pénal. Il n'y a
rien de prévu pour la régénération du coupable. Suivant l'exemple de l'Angleterre on considère le condamné comme une unité et on oublie que l'on a affaire
à un homme. Ce serait là une raison suffisante pour re-
jeter ce système soutenu surtout par des coloniaux. Il
nous faut reconnaître en outre que les colonies ont jusqu'ici refusé avec énergie l'emploi de la main-d'œuvre
pénale à laquelle elles préfèrent celle des indigènes.
Les Antilles et la Réunion consultées à ce sujet se sont
montrées opposées à l'introduction des condamnés sur
leur territoire. Le général Galliéni à Madagascar a récemment encore indiqué nettement son opinion sur ce

point (1). Et bien que le régime des brigades volantes
existe en fait depuis les décrets de 1891 et 1894, aucune
colonie n'a demandé à ce qu'il soit formé sur son territoire des colonnes mobiles.

Une seule solution s'impose à notre avis : il faut reconnaître franchement que l'essai fait de la transportation a déjà trop duré et qu'il est temps que ce mode
de répression disparaisse de notre système pénal.
Nous entendons parler ici en même temps que de la
transportation des condamnés aux travaux forcés de la
rélégation des récidivistes qu'aucun criminaliste d'ailleurs ne défend plus aujourd'hui. Seule à l'heure
actuelle parmi les grandes nations européennes, la
France fait à ses criminels une large application de la
transportation. L'Angleterre l'a depuis longtemps
abandonnée. La Russie vient d'entrer résolument dans
la voie de sa suppression. L'Allemagne a reconnu que
les avantages que présente cette peine sont loin de com-
penser les inconvénients qu'elle comporte et a renoncé
à l'introduire dans sa législation. Souvenons-nous à
notre tour de la résolution votée en 1878 au Congrès de
Stockholm : « La peine de la transportation présente
des difficultés d'exécution qui ne permettent pas de
l'adopter dans tous les pays ni d'espérer qu'elle y réalise
toutes les conditions d'une bonne justice pénale. »

Il est temps d'évacuer la Nouvelle-Calédonie et de
laisser cette terre merveilleuse aux colons libres qui

(1) *Revue pénitentiaire*, 1899, p. 478.

ne demandent qu'à s'y rendre et à y prospérer. Ce n'est plus de la transportation qu'elle doit vivre — elle n'a fait que végéter jusqu'ici — c'est de la culture de son sol, et des richesses minières qu'il contient. Il faut aussi abandonner la Guyane puisque la transportation a été incapable d'y faire naître même un semblant de prospérité, tandis qu'à côté d'elle nous voyons des territoires fécondés par la colonisation libre.

Mais que faire, dira-t-on, des condamnés que la Nouvelle-Calédonie et la Guyane ont reçus jusqu'à aujourd'hui ? On a proposé (1) de les diriger sur des îles inhabitées et d'un accès difficile, les îles Kerguelen situées dans la partie australe de l'Océan Indien. Nous ne saisissons pas l'avantage que le gouvernement trouverait à cette substitution et à la construction à Kerguelen de bâtiments coûteux, comme ceux où l'Administration pénitentiaire a l'habitude de se loger. Pourquoi la transportation réussirait-elle mieux dans ces îles qu'ailleurs ? Elle n'a pas échoué parce qu'elle a été appliquée en Nouvelle-Calédonie et en Guyane mais parce qu'elle est mauvaise en elle-même. Puisqu'elle a fait faillite, il faut se résoudre à y renoncer (2). Il faut se décider à garder les

----

(1) MM. de Mahy, Girault et Alphonse Humbert ont déposé sur le bureau de la Chambre des députés une proposition de loi en ce sens. Cf. *Revue pénitentiaire*, 1898, p. 721.

(2) Telle est bien d'ailleurs la solution que semble avoir prise le gouvernement. Les envois de condamnés ont été suspendus pour la Nouvelle-Calédonie. Et d'autre part nous lisons dans le *Temps* du 9 décembre 1898 : La question du transfert des établissements pénitentiaires de la Guyane et du Maroni est à l'étude et recevra prochainement une

condamnés aux travaux forcés sur le continent, les enfermer dans des prisons cellulaires, et surtout les y soumettre à un labeur pénible et à une discipline sévère. Il
ne faut pas hésiter à leur appliquer une peine aussi dure
que la servitude pénale anglaise. Ne nous laissons plus
arrêter par des considérations humanitaires qui ont eu
jusqu'ici en matière pénale une trop grande influence
et qui ont fait perdre au châtiment le caractère de
sévérité sans lequel il devient inutile. Cessons d'énerver la peine et de considérer les criminels comme plus
intéressants et plus dignes de notre sollicitude que ceux
qui n'ont jamais failli. N'oublions pas que la société
puise le droit de punir dans le devoir qu'elle a de se
défendre contre les entreprises des malfaiteurs et que
« l'œuvre humanitaire par excellence est celle de la
protection des citoyens honnêtes contre les rebuts de
la société (1) ». Le plus sûr moyen d'ailleurs d'éviter
la récidive est d'imposer au coupable un châtiment qui
l'atteigne.

Nous ferons cependant une concession au système de
la transportation ; nous la conserverons (2) à titre de

solution. Nous pouvons affirmer dès à présent que ce transfert a été
décidé en principe.

(1) Beauchet, *Revue politique et parlementaire*, janvier 1898, p. 70.
(2) La Commission de révision du Code pénal instituée en 1887 admet
a transportation, mais restreint son domaine ; les peines continentales
tiennent une place prépondérante. La transportation ne frappe que les
récidives graves et surtout les récidives devenues professionnelles ;
c'est une peine accessoire et qui porte le nom de relégation. Elle est
donc surtout appliquée comme peine de débarras.

faveur et de récompense offerte aux prisonniers qui auront donné des gages non douteux de régénération et qui espèreront un reclassement plus facile dans une terre lointaine.

Nous admettrons volontiers sur ce point le système proposé par M. Leveillé (1). Les condamnés à l'emprisonnement ou à la réclusion pourraient, après avoir subi en France le quart de leur peine, solliciter leur envoi dans les colonies. Si leur demande était agréée par l'Administration, ils seraient dirigés vers les pénitenciers coloniaux où ils accompliraient un autre quart de leur peine. Ils pourraient alors être proposés pour la libération conditionnelle, plus favorisés ainsi que leurs codétenus restés en France, à qui elle ne peut être accordée que les trois quarts de la peine subis. Une fois libérés d'ailleurs, les condamnés ne cesseraient pas d'être surveillés ; ils resteraient soumis au contrôle des autorités locales. Enfin pour éviter que quelques-uns de ces transportés volontaires n'émissent, sitôt arrivés dans la colonie, la prétention de repartir pour l'Europe, tout réclusionnaire ou correctionnel ainsi transporté serait tenu à un séjour d'au moins 10 ans.

Ainsi organisée la transportation volontaire pourrait donner de bons résultats. Elle s'appliquerait en somme aux individus prévoyants qui, se défiant d'eux-mêmes ou des entraînements qu'ils pourraient rencontrer à

(1) *Revue pénitentiaire*, 1895, p. 750.

leur sortie de prison, croiraient trouver plus aisément dans des pays neufs d'honnêtes moyens d'existence. Leur régénération déjà commencée s'achèverait aisément au sein d'une société nouvelle et pour eux le changement de milieu produirait sûrement d'heureux effets. Ce serait d'autre part pour la colonie une précieuse acquisition d'individus énergiques dont le travail productif et rémunérateur trouverait une utilisation certaine. Mais remarquons que la transportation ainsi comprise n'est qu'une demi-solution du problème pénitentiaire. Elle ne s'applique qu'aux meilleurs parmi les condamnés. Or ceux-ci, qu'ils soient en France ou dans les colonies, accompliront toujours une œuvre utile. Ceux dont il faut s'occuper, ce sont les médiocres et les mauvais. Pour ceux-là, la transportation est une solution insuffisante.

Vu :
Le Président de la thèse,
A. LABORDE.

Vu :
Le Doyen,
VIGIÉ.

Vu et permis d'imprimer :
Montpellier, le 2 juin 1899.
Pour le Recteur,
Le Vice-Président du Conseil de l'Université,
A. SABATIER

TABLE DES MATIERES

—— · ——

PREMIÈRE PARTIE

De l'amendement et du reclassement des transportés.

DEUXIÈME PARTIE

De la colonisation pénale.

TROISIÈME PARTIE

Législation comparée.

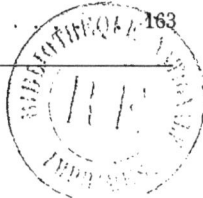

Imp. J. Thevenot, Saint-Dizier.

Imp. J. Thevenot, Saint-Dizier (Hte-Marne)